A ECONOMIA DA VIDA

Jacques Attali

A ECO NOMIA DA VIDA

Uma proposta para pouparmos nossas crianças de uma **PANDEMIA** aos 10 anos, uma **DITADURA** aos 20 e uma **CATÁSTROFE CLIMÁTICA** aos 30

TRADUÇÃO Mauro Pinheiro

VESTÍGIO

Copyright © 2021 Librairie Arthème Fayard

Título original: *L'économie de la vie: Se préparer à ce qui vient*, de Jacques Attali

Todos os direitos reservados pela Editora Vestígio. Nenhuma parte desta publicação poderá ser reproduzida, seja por meios mecânicos, eletrônicos, seja via cópia xerográfica, sem autorização prévia da Editora.

EDITOR RESPONSÁVEL
Arnaud Vin

EDITOR ASSISTENTE
Eduardo Soares

REVISÃO
Eduardo Soares

CAPA
Diogo Droschi (sobre imagem de CalypsoArt/Shutterstock)

DIAGRAMAÇÃO
Christiane Morais de Oliveira

Dados Internacionais de Catalogação na Publicação (CIP)
Câmara Brasileira do Livro, SP, Brasil

Attali, Jacques
  A economia da vida / Jacques Attali ; tradução Mauro Pinheiro. -- São Paulo : Vestígio, 2021. -- (Espírito do tempo ; 5)

  Título original: L'economie de la vie
  Bibliografia.
  ISBN 978-65-86551-24-2

  1. Pandemia de coronavírus (COVID-19) - Aspectos econômicos 2. Previsão econômica - 2000- 3. Clima. 4. Democracia Título. II. Série.

21-58905   CDD-330.0112

Índices para catálogo sistemático:
1. Previsão econômica 330.0112

Cibele Maria Dias - Bibliotecária - CRB-8/9427

A **VESTÍGIO** É UMA EDITORA DO **GRUPO AUTÊNTICA**

São Paulo
Av. Paulista, 2.073 . Conjunto Nacional
Horsa I . Sala 309 . Cerqueira César
01311-940 São Paulo . SP
Tel.: (55 11) 3034 4468

Belo Horizonte
Rua Carlos Turner, 420
Silveira . 31140-520
Belo Horizonte . MG
Tel.: (55 31) 3465 4500

www.editoravestigio.com.br
SAC: atendimentoleitor@grupoautentica.com.br

A todos aqueles, visíveis e invisíveis,
que nos permitem sobreviver e nos
preparar para o que virá em seguida,
e inventar o futuro.

Eu queria falar sobre a morte,
mas a vida interveio repentinamente,
como de costume.

Virginia Woolf
Carta de 17 de fevereiro de 1922

■ SUMÁRIO

Nota do editor	13

1. Quando a vida não contava — 23

A fé para proteger os impérios	24
A polícia não basta para proteger os reinos	29
A higiene não basta para proteger as nações	33
Acabar com a quarentena	34
As gripes matam mais do que nunca	35
A saúde de uns está relacionada à de todos os outros	38
Aids, ebola e mais ainda...	40

2. Uma pandemia diferente das outras — 45

A escandalosa morte	46
Na China: mentir para si mesmo	47
Uma pandemia diferente das outras	49
Esta pandemia não acontece por acaso	59
Aqueles que fazem as boas escolhas	61
Aqueles que fazem as más escolhas: o escândalo chinês	67
O grande erro da Europa: imitar a China e não a Coreia do Sul	69
Encarar a morte com indiferença	74
A batalha para os profissionais de saúde, as máscaras e os testes	84
Um refluxo... provisório?	87

3. Uma economia mundial em estado de suspensão 93

Estupefação: isso não é nada 94
Negação: a economia da solidão 95
O grande mergulho 98
O mundo emergente, mais do que nunca esquecido 102
Procrastinação: dinheiro para sobreviver na solidão 105
A ilusão da espera 108
O impasse da procrastinação 110
Pulsão de vida: sair da solidão sem remédio nem vacina 112

4. A política, para a vida, para a morte 115

O papel essencial do político: proteger contra a morte 116
Recusar a troca da segurança pela servidão 118
Uma crise geopolítica: nem a China nem a América 123
As enormes empresas contra as nações 131
Recusar a ditadura dos artefatos 135
O clima, finalmente! 136

5. Tirar o melhor partido do pior 139

Solidão e intimidade 140
Escamotear a morte; viver intensamente 143
Uma máscara significa o quê? 145
Produzir sozinho, criar juntos 149
A empresa como um hotel
para aqueles que nela trabalham 153
Servir sem lucrar 155
Consumir o que vem de muito
longe e o que vem de bem perto 157
Informar de outra maneira 159
Uma nova maneira de usar seu tempo: faça sozinho 161
Vigilância e confiança 162

6. A economia da vida   165
Remédio e vacina   166
Tratar mais, melhor e de modo diferente   169
O alimento como nova forma de conversa   172
Um habitat afastado   175
Para começar, a formação   178
Pensemos nessa juventude, antes que seja tarde demais   179
Cultivar-se e se distrair à distância   182
Os setores e as empresas que o mercado recomenda   186
Para além dos mercados: a economia da vida   187
Converter os setores   189
É preciso salvar o soldado do turismo   190
A economia da vida, motor de um
desenvolvimento positivo do meio ambiente   193

7. E depois?   195
As pandemias futuras   198
Os desafios ecológicos   202
O aquecimento global pode provocar outras pandemias   205
A pandemia sombria   207

Conclusão: Por uma democracia de combate   209
Bibliografia   217
Agradecimentos   237

◼ NOTA DO EDITOR

ESTE LIVRO FOI PUBLICADO ORIGINALMENTE na França, em junho de 2020. A edição brasileira traz dados da pandemia de Covid-19 (número de contaminações e mortes, medidas de enfrentamento por todo o mundo, etc.) atualizados em novembro de 2020. Embora de lá para cá o cenário tenha mudado sensivelmente – dúvidas foram sanadas, projeções superadas –, a *economia da vida* que o autor propõe continua pertinente e assim permanecerá pelos próximos anos ou décadas.

Como forma de preparar o terreno para introduzir suas propostas, o autor recupera a história das epidemias, que remonta a pelo menos cinco mil anos antes de nossa era. Discute os impactos sociais, econômicos e políticos que elas tiveram sobre os reinos, impérios e Estados, desde que se tem notícia de doenças que se disseminaram levando uma grande quantidade de pessoas à morte.

Na análise desta pandemia de Covid-19, Attali destrincha as medidas de enfrentamento e as falhas que foram cometidas, sobretudo na China, onde se originou o surto de coronavírus que vem assolando a população mundial como nunca visto antes.

Mas é no futuro que ele mira. Já estamos percebendo uma série de mudanças provocadas pela pandemia, mudanças que vieram para ficar. E outras muitas precisarão ocorrer se quisermos nos preparar para a próxima pandemia, que até então parece inevitável, como aliás era o caso desta atual. Não faltaram alarmes e avisos da comunidade científica sobre a possibilidade de uma pandemia de coronavírus após as epidemias de 2002 e 2004, na Ásia e no Oriente Médio, respectivamente.

A economia da vida apresenta propostas arrojadas, de mudanças que devem ser operadas no seio da sociedade, de quebra de paradigmas. É preciso pensar "fora da caixa", como Jacques Attali é conhecido por fazer. As ideias que ele apresenta neste livro nos fazem olhar para o futuro com esperança.

Boa leitura!

Os editores
Junho de 2021

Será que é cedo demais para escrever sobre eventos assim ainda tão incertos? Será razoável falar de uma doença da qual, a cada dia, se descobrem novas dimensões? Como se preparar para o que está por vir? Compreender os erros cometidos na China, na Europa e em outros lugares? Que preço deveremos pagar? O que um livro pode acrescentar ao dilúvio de informações que nos arrastam desde que tudo isso começou? Já é possível extrair lições de uma crise que acaba de começar? Podemos refletir sobre o que vivemos? Podemos evitar matutar sobre nossas obsessões anteriores? Não seria melhor escrever um romance, uma peça de teatro, um poema? Ou, ainda melhor, não escrever coisa alguma, silenciar. Nada fazer. Ou então ler todos os livros interrompidos, ouvir todas as obras musicais a serem ainda descobertas. E meditar.

No entanto, aqui está este livro. Um entre muitos outros, sem dúvida, que esta situação inacreditável irá inspirar. Não se trata de um relato de confinamento. Tampouco uma vaga compilação de textos publicados em outras ocasiões. Mas trata-se, sim, de uma síntese e, sobretudo, de uma perspectiva.

Porque acredito que no ínterim desta batalha uma síntese se faz necessária. Uma síntese que ultrapassa os desafios da urgência; e que, ao tentar se afastar das mentiras e aproximações com as quais somos com demasiada frequência inundados, busca demonstrar, de uma maneira que espero convincente, aquilo que teríamos podido fazer muito melhor.

Uma perspectiva também, a fim de esclarecer o que resta a fazer como preparação para o que virá em seguida. Uma síntese que se distancie dos embates dos especialistas mais ou menos autoproclamados, das investidas verbais daqueles que fazem do medo um negócio, e das posturas encantatórias daqueles que preferem repetir suas utopias em vez de procurar realmente um meio de fazer com que elas se realizem.

Para colocar tudo isso à disposição de todos aqueles, inúmeros, que tentam de agora em diante viver de outra maneira. Tentei utilizar, ao escrever, somente os conhecimentos mais sólidos, mais rigorosamente estabelecidos, vindos de todo o mundo. Para tanto, entrevistei – em pelo menos 20 países – médicos, epidemiologistas, historiadores, economistas, sociólogos, filósofos, romancistas, empresários do setor industrial, pesquisadores, sindicalistas, diretores de ONGs, governantes, opositores, escritores e jornalistas. E um bocado de pessoas anônimas, cuja sabedoria é demasiadamente negligenciada. Eles aceitaram compartilhar comigo, nestes tempos tão singulares, conhecimentos e incertezas, ainda mais importantes. Eu agradeço a todos eles.

Tentei igualmente não descartar as hipóteses mais insanas, das quais nos fala a ficção científica. E que a realidade acaba de ultrapassar. As questões que debati com eles foram as mesmas que todo o mundo se coloca: Que lições podemos tirar das pandemias precedentes? Quantas pessoas ainda morrerão por causa desta? E por conta da fome? Do desespero? De outras enfermidades? Como vencer esta epidemia? Quando descobriremos um remédio ou uma vacina? Era imprescindível interromper a economia global, quando apenas aqueles que não trabalham mais são realmente ameaçados? Quantos serão os desempregados e por quanto tempo? Voltaremos a encontrar o nível de vida anterior? O modo de vida? A maneira de consumir? De trabalhar? De amar? E quando? Quem ficará desempregado? Que empregos desaparecerão? Que outros irão surgir? Como esquecer os outros combates, particularmente aqueles pelos direitos das mulheres, das crianças e das pessoas mais frágeis? Que nações sairão vitoriosas? Quais irão perder? Será possível conservar a democracia? Poderemos preservar as liberdades individuais, posto que todos serão obrigados a revelar seu histórico de saúde? Como não abandonar suas próprias ideias preconcebidas, seus desejos anteriores, seus projetos ultrapassados numa situação radicalmente nova? Como sermos mais úteis? Como mudar nossa relação com nós mesmos, com os outros, com o mundo, com a morte?

Pois é exatamente da morte que se trata, antes de tudo. Da morte esquecida, negada. Da morte considerada com muita frequência como um acidente, perfeitamente evitável. Da morte de toda a sociedade, de toda religião e de toda ideologia que se pretendem responsáveis.

É tudo isso que exige reposta, se quisermos ter uma chance de dar sentido ao que está acontecendo, e de sairmos vivos. Ainda mais vivos do que antes. Verdadeiramente vivos.

* * *

A humanidade parece atravessar um pesadelo. E alimentar um único desejo, uma única ambição, uma única súplica: que isso acabe e que retornemos ao mundo de antes.

Esta cegueira me enfurece, pois, mesmo se essa pandemia desaparecesse rapidamente, por si própria ou graças a um remédio ou uma vacina, não reencontraríamos, como se por um passe de mágica, o modo de vida anterior.

Deixa-me enfurecido ver tantos governos do mundo, inclusive os da Europa, preferir seguir, tomados pelo pânico, o modelo da ditadura chinesa, que fracassou; colocar em risco suas economias em vez de tomar como modelo, desde janeiro 2020, a democracia sul-coreana, que, como outras, soube definir uma estratégia, convencer sua opinião pública e mobilizar suas empresas para fazê-las produzir máscaras e testes a tempo; sem pôr sua sociedade no túmulo provisório em que as outras, a exemplo dos chineses, decidiram se enclausurar.

Deixa-me enfurecido ver tantos países não compreenderem, durante tantos anos, que a saúde é uma riqueza e não um fardo, e o fato de eles terem reduzido os recursos dos hospitais e de outros centros de saúde.

Deixa-me enfurecido ver o mundo se colocar em pausa, como se tivesse entendido a necessidade de mudar tudo, mas sem ousar fazê-lo.

Deixa-me enfurecido ver todos os governos, ou quase todos, passarem do abatimento à negação, da negação à procrastinação. E assim permanecer.

Deixa-me enfurecido não ver país algum adotar de fato uma economia de guerra.

Deixa-me enfurecido ver a economia criminosa aproveitar-se da infelicidade das pessoas.

Deixa-me enfurecido ver o estabelecimento de medidas inutilmente liberticidas, falsamente provisórias. Enfurece-me ver os mais pobres e seus filhos terem de pagar com a vida a incúria dos dirigentes.

Deixa-me enfurecido ver tanta gente sonhar com uma volta ao mundo de antes, aquele que produziu a crise atual.

Deixa-me enfurecido ver tantos outros assumirem uma bela postura para dizer qual será a nova sociedade necessária, sem esboçar sequer o início de uma ideia de como alcançá-la.

Deixa-me enfurecido ver aqueles que dirigem, ou desejariam fazê-lo, assim como aqueles que aconselham ou defendem, quase nada propor para nos adaptarmos aos tempos estimulantes que se anunciam, e para responder às fantásticas necessidades do mundo.

Como as principais pandemias precedentes da história, a de hoje é, sobretudo, um acelerador de evoluções já incubadas. Evoluções desastrosas. Evoluções positivas.

Um acelerador muito brutal.

Muitos quiseram questionar a comparação de uma pandemia, a atual, com uma guerra. No entanto, ela se impõe. Mais facilmente nos países que já venceram uma guerra. Menos naqueles que, como a França, perderam todos seus derradeiros conflitos, e que chegaram mesmo, durante a Segunda Guerra, a colaborar com o inimigo.

Quando esta pandemia começou, assim como quando uma guerra tem início, o mundo se transformou em poucas horas; como no começo de uma guerra, ninguém, ou quase, em praticamente país algum, dispunha de uma verdadeira estratégia.

Como em agosto de 1914 e em setembro de 1939, pensou-se primeiro que isso só duraria alguns meses.

Como durante uma guerra, as liberdades fundamentais são e serão maltratadas; muita gente morreu e morrerá; muitos líderes serão varridos; uma batalha impiedosa ocorrerá entre aqueles que desejarão voltar ao mundo antigo e aqueles que terão entendido que isso não será possível, seja socialmente, politicamente, economicamente, seja ecologicamente.

Como durante uma guerra, tudo terá relação com a morte. Uma morte coletiva, e não individual. Uma morte visível, e não íntima. Uma morte múltipla, galopante, presente, que perde sua unicidade, e levará também à perda da vida de cada um.

Tudo será então uma questão de tempo. Visto que (e é isso também que nos lembra uma guerra), numa pandemia, só o tempo tem valor. O tempo de cada um. E não somente daqueles que, aconteça o que acontecer, lucrarão com a crise.

Como ocorre durante uma guerra, os vencedores serão aqueles que, antes de todos, tiverem coragem e armas. E para dispor de ambos, será preciso uma mobilização infalível em torno de um projeto novo, radical; que doravante chamarei de a "economia da vida".

Várias outras gerações, confrontadas também com crises importantes, se fizeram de avestruz. Depois, tomadas por um orgulho infantil, elas acreditaram que o mal havia sido vencido e que elas tinham acabado com ele. Elas então abandonaram rápido demais toda a prudência para voltar ao mundo antigo. Elas, então, perderam tudo.

Inversamente, outras souberam detectar aquilo que estava nascendo e fizeram de sua época sombria um momento de superação, de mudança de paradigma. Façamos dessa pandemia um momento assim, *o momento*.

1

QUANDO A VIDA
NÃO CONTAVA

COMO SEMPRE, SÓ SE PODE compreender direito
o que nos está acontecendo se fizermos uma comparação
com o que aconteceu às gerações precedentes, quando elas
enfrentaram acontecimentos de uma mesma natureza ou
de uma mesma amplitude.

Desde sempre, a humanidade encara o medo, a doença, o sofrimento, a morte. E é exatamente através de sua
relação com a morte que sempre se define uma civilização:
conforme o sentido que ela lhe dá, ou que não consegue
encontrar, ela pode prosperar ou desaparecer.

Isso demonstra a importância das epidemias, durante
as quais os homens são, mais intensamente do que nunca,
confrontados com o sofrimento, a doença e a morte; não
mais individualmente, mas coletivamente. Momento de
verdade para as civilizações.

Alguns de seus dirigentes souberam escolher a estratégia que melhor os protegia. Quando, ao contrário, não se mostraram capazes, quando não conseguiram mais dar um sentido à morte dos outros e à sua própria, a pandemia acelerava suas mutações já em andamento, fazendo surgir uma outra ideologia, uma outra legitimidade do poder, uma outra elite, uma outra geopolítica.

No presente livro, a questão são as lições que se pode tirar de tudo isso. A fim de melhor se preparar para compreender o que está em jogo hoje em dia.

A fé para proteger os impérios

As epidemias se tornaram possíveis, no mais tardar, cinco mil anos antes de nossa era, quando, na Mesopotâmia, na Índia e na China, os seres humanos se reuniram em grande número. Primeiro, nas aldeias, depois nas cidades e nos impérios, sempre se mantendo em contato cotidiano com animais que eles acabaram por domesticar.

Ainda não se sabe que esses animais transmitem agentes infecciosos de origem viral ou bacteriana; ainda não se sabe tampouco que as bactérias transmitem a peste, a tuberculose, a sífilis, a lepra e o cólera, ao passo que os vírus transmitem a gripe e diversas outras enfermidades.

A lepra é uma das primeiras dessas pandemias recenseadas: descobriu-se a prova de sua presença em um esqueleto com mais de quatro mil anos, no estado do Rajastão, na Índia.

As primeiras descrições de epidemias podem ser lidas nos textos mesopotâmicos e chineses de três mil anos atrás, queixando-se de deuses que se divertiam espalhando a praga sobre a terra, ou fazendo-o para castigar os homens.

Surge muito cedo, assim, a ideia de que a epidemia é enviada pelos deuses para punir os homens por seus erros. E os poderosos, religiosos, militares e políticos se apressam em culpar seu povo ou procurar bodes expiatórios, para evitar serem responsabilizados.

Nem sempre eles conseguem: ao destruírem as famílias, as cidades, os povos; ao negar a unicidade da vida e da morte de cada um, as epidemias aceleram o desaparecimento de dinastias, religiões e impérios.

Na Torá, a "morte por pestilência" sanciona a desobediência e o pecado; em particular, a lepra (que o livro de Jó designa como "a filha mais velha da morte") é considerada como uma punição de Deus. A Lei judaica interpreta as doenças como um castigo divino, devido a uma forma de perversão dos homens ou à submissão destes à idolatria.

A primeira verdadeira doença mencionada na Bíblia diz respeito a Faraó, ameaçado por uma epidemia de lepra caso impeça o povo judeu de deixar seu território. Enquanto Deus pede aos judeus, se eles quiserem ser libertados do jugo egípcio e protegidos contra todas as formas de doenças epidêmicas, que renunciem aos deuses estrangeiros.

Assim, Deus impõe aos homens múltiplos confinamentos: o de Noé em sua Arca para escapar do dilúvio; o dos judeus do Egito para escapar da décima praga (a morte dos primogênitos). "Que sequer um dentre vós ultrapasse o limiar de sua casa até a manhã" (Êxodo 12:22). Essa ideia do confinamento é encontrada por toda a Bíblia: contrair a lepra implica uma exclusão total, um confinamento fora do grupo. "Enquanto ele conservar essa mancha, ele será realmente impuro. Por esta razão, ele residirá afastado, sua morada será fora do acampamento" (Levítico 13:46).

A duração do confinamento bíblico (exceto em casos de lepra, em que ele é em geral definitivo) varia em torno do número 40: os 40 dias do Dilúvio, os 40 anos de andança no Sinai. Este confinamento, se for respeitado, é um prelúdio de um "renascimento": para Noé, o evento de uma nova humanidade, livre, ao menos temporariamente, do pecado que provocou o furor de Deus. Para o povo judeu, após 40 anos no deserto, o acesso à Terra Prometida.

De um modo mais geral, uma epidemia, segundo sugere a Lei judaica, visa levar os homens a sair de seu conforto a fim de acelerar o evento da era messiânica. A epidemia traz assim, ao mesmo tempo, a ideia de culpa, de redenção e de esperança.

Tudo isso será encontrado na maior parte das reações subsequentes a essas pragas.

Cerca de 600 anos antes de nossa era, vários textos testemunham a presença da lepra na China, na Índia e no Egito.

As pandemias não se abatem apenas sobre os impérios: por volta de 430 antes de nossa era, uma epidemia de tifo, vinda da Etiópia, atinge Atenas, então no ápice de seu poder e de sua organização democrática. Os médicos da cidade denunciam os "miasmas" contidos no ar, na água e no alimento; em vão: um terço da população da cidade, ou seja, 70 mil pessoas, sucumbe.

Os ricos e os poderosos, entre eles Péricles, não estão mais protegidos e também sucumbem. Toda a ordem social é assim questionada: para que respeitar as leis se vamos morrer amanhã? "Os atenienses renunciaram a ela, entregando-se ao mal", escreve Tucídides no Livro II de sua *História da guerra do Peloponeso*. A cidade cai por um momento nas mãos de Esparta, e depois se liberta. Trinta tiranos tomam o poder. Em 403 antes de nossa era, um governo populista se instala; Aristófanes e Platão denunciam então os demagogos que condenam Sócrates à morte. Em 338 antes de nossa era, um século após o início da pandemia, Atenas cai nas mãos de Felipe II da Macedônia. É o fim da dominação ateniense.

Uma lição a não ser esquecida: uma epidemia coloca em questão as liberdades e pode arruinar um regime que se pretendia democrático.

No ano 166 de nossa era, outras epidemias menos estruturais (particularmente em Siracusa, sitiada pelo exército de Cartagena), uma importante pandemia, chamada "peste antonina" (provavelmente uma epidemia de varíola) tem início em Roma; ela dura mais de 20 anos: trazida do Mediterrâneo Oriental pelas tropas de Lúcio Vero, mata cerca de dez milhões de pessoas no império, ou seja, um terço de sua população. Os deuses romanos são desacreditados; o cristianismo e o culto de Aúra-Masda, de origem persa, se tornam um recurso. É o começo do fim para o Império Romano. No ano de 251, uma nova epidemia, chamada de "peste de Cipriano", esvazia novamente as cidades da Grécia e da Itália. Em 444, outra epidemia atinge os exércitos romanos na Grã-Bretanha e acaba destruindo a unidade do império.

A partir de 541 tem início uma primeira pandemia de peste bubônica (transmitida pelos ratos e outros animais vertebrados). Chamada de "peste de Justiniano", essa pandemia surge primeiro na China; passa pelo Egito e logo alcança Constantinopla, transformada em capital do Império Romano do Oriente. Ela faz dez mil mortos por dia; o historiador bizantino Procópio de Cesareia relata que os "empregados domésticos não tinham mais senhores e as pessoas ricas não dispunham mais de domésticos para servi-los. Nessa cidade aflita, só se viam casas vazias, e as lojas comerciais não abriam mais". O próprio imperador Justiniano adoece (mas consegue sobreviver). Ele decide "retirar do Tesouro o dinheiro necessário para distribuir àqueles que passam por dificuldades". Os exércitos limpam as ruas, cavam fossas comuns gigantescas e protegem as lojas. Os ricos parecem poupados; dirão até mesmo que usar um diamante protege contra a doença. Apesar dessas medidas, a epidemia se alastra em todo o Mediterrâneo e mata pelo menos 25 milhões de pessoas no mundo latino, e talvez 100 milhões no mundo. É o início do declínio do Império Romano do Oriente.

Essa epidemia atinge também o Islã emergente, que impõe regras estritas, e sobrevive: "Quando se descobre que um país está contaminado por uma epidemia, não viaje para lá. Mas se ela surge no país em que você vive, não saia dele", teria dito Maomé. No Alcorão está escrito: "Fuja do leproso como de um leão". O Islã vai então aproveitar o declínio do Império do Oriente para começar sua conquista do Oriente-Médio.

Em 664, uma "peste amarela" se abate sobre a Grã-Bretanha e a Irlanda; a miséria e a desordem se instalam durante séculos.

Em 735, uma nova epidemia vinda da Coreia mata um terço da população do arquipélago japonês, inclusive os quatro irmãos do poderoso clã Fujiwara, levando o imperador Shomu a buscar a autonomia agrícola do arquipélago, autorizando a propriedade privada das terras. A epidemia se abranda. Surge uma nova elite. O imperador ordena, em sinal de gratidão, a construção da estátua do Grande Buda, que existe ainda hoje em Nara. A partir do ano 800, as epidemias de varíola se espaçam, e a peste desaparece durante cinco séculos.

A polícia não basta para proteger os reinos

No século XI, a lepra volta à Europa, através das cruzadas. Voltaire escreverá: "Tudo o que ganhamos ao final das Cruzadas foi esta sarna; e de tudo o que conquistamos, ela foi a única coisa que nos restou!".

Diante disso, as orações já não bastam; os doentes são isolados. A polícia toma o lugar da religião. No século XIII, mais de 13 mil leprosários abrigam 600 mil leprosos na Europa, que conta então com 80 milhões de habitantes.

Um pouco mais tarde, uma epidemia de peste bubônica derruba totalmente a legitimidade do poder dos religiosos, passando-a para os policiais; em 1346, mongóis da Horda de Ouro (um dos impérios oriundos das conquistas de Gengis Khan) transmitem a peste bubônica aos genoveses instalados em Caffa, um porto da Crimeia que eles converteram em feitoria comercial. Os genoveses a carregam para Constantinopla, Messina e Marselha. Entre 1347 e 1352, 75 milhões pessoas morrem (das quais mais de 25 milhões na Europa, ou seja, um terço da população do continente). Algumas raras regiões europeias, entre elas Milão, são poupadas. Na França, a produção de grãos e de vinhas cai de 30% a 50%; o preço do trigo quadriplica em 10 anos.

Todo o equilíbrio geopolítico da Idade Média desaba. O Império Bizantino, já fragilizado pelas derrotas militares e guerras civis, declina. Os vikings interrompem sua exploração da América do Norte.

Na Europa, alguns continuam por um tempo a esperar que a religião vença a epidemia: em 1350, um milhão de pessoas parte para Roma; mas a maior parte dos peregrinos morre no caminho. Procura-se então os responsáveis: os judeus, acusados de envenenar a água, são jogados dentro dos poços.

Como a epidemia não arrefece, a religião perde seu sentido: "Morria-se sem serviçais, não havia padres nos enterros, o pai não visitava seu filho, nem o filho seu pai; a caridade estava morta, a esperança aniquilada", escreve Guy de Chauliac, médico em Avignon no meio do século XIV. A série *Danças da morte*, de Hans Holbein, demonstra que essa epidemia não respeita nenhuma hierarquia ou título de nobreza. As fortunas anteriores minguam; as rendas provenientes da terra vão abaixo.

Então, para lutar contra a epidemia, tenta-se outra coisa, inspirados pelo que foi feito contra a lepra: enclausuram os doentes ou aqueles suspeitos de carregar a enfermidade.

É a quarentena, cuja primeira ocorrência é registrada na Bíblia, com a mesma duração: em 1377, o reitor da república de Ragusa impõe a todo navio proveniente de uma zona infectada pela peste um isolamento de 40 dias.

Isso parece gerar resultados. Os ricos preferem agora o confinamento à fuga. Eles redescobrem as artes domésticas. Boccaccio escreve então seu *Decameron*, pondo em cena jovens que se isolam no campo.

A peste se afasta. Nas regiões mais ricas da Europa, Flandres e Itália, a servidão desaparece, os salários aumentam. A peste transforma assim o mundo feudal, concentra a fortuna nas mãos de um punhado de sobreviventes, faz brotar uma burguesia mercantil e possibilita a ascensão de novas elites, entre elas a família dos Médici. O coração do poder mercantil na Europa se encontra agora em Gênova e em Florença. O discurso religioso sobre a morte não é praticamente mais escutado, exceto pela sua pompa.

A partir de 1492, é a vez de a Europa exportar suas doenças para a América: varíola, lepra, rubéola, tuberculose e paludismo. Em meio século, na ilha de Hispaniola, o povo Taíno passa de 60 mil pessoas a menos de 500; um pouco mais tarde, no México, a população asteca despenca de 25 milhões para dois milhões de indivíduos.

Em 1648, os escravos vindos da África levam para o México uma primeira epidemia de febre amarela, ao passo que os europeus trazem de volta para seu continente a sífilis. A Itália perde definitivamente o poder para os habitantes do Mar do Norte.

Em 1655, uma nova epidemia de peste mata 75 mil pessoas em Londres, ou seja, um em cada cinco habitantes dos bairros mais pobres. Essa epidemia atinge em seguida Amsterdã, à época o centro do poder mercantil, e se propaga por todo o continente europeu. Diante dela, ainda não há outra estratégia senão a força policial, cujo poder se reforçou:

medidas rigorosas são tomadas pelos parlamentos de Rouen e de Paris. Sua eficácia dura algum tempo, ao menos para proteger os ricos. No entanto, em 1668, a peste atinge Amiens, Laon, Beauvais e o Havre. Para proteger Paris, um cordão sanitário é imposto por Jean-Baptiste Colbert, ministro de Estado e da Economia de Luís XIV: o Estado Real se delega plenos poderes, passando por cima dos parlamentos locais. Os bons resultados ajudam a poupar Paris.

Mais uma vez, uma evolução autoritária do Estado se acelera em função de uma pandemia; desta feita, uma evolução importante: é a primeira gestão central por um Estado de uma epidemia.

A peste se afasta da Europa no início de 1670. Em 1720, na sequência de uma epidemia de peste em Marselha, o rei decide colocar toda a Provença em quarentena. Com sucesso. O poder central é ainda mais reforçado. A luta contra as epidemias é doravante um assunto dos Estados-nações.

Durante esse século, outras epidemias assolam o continente: a varíola mata cerca de 400 mil europeus a cada ano.

Em 1793, a febre amarela (como a malária, transmitida pelos mosquitos) mata mais de cinco mil pessoas na Filadélfia, antes de chegar à Espanha e, depois, a Marselha.

O poder religioso se ofusca. A polícia o substitui. E, com ela, o Estado.

Mas isso não basta. É preciso mais. O Iluminismo vai achar uma solução, fazendo triunfar a razão e a ciência, a higiene e a vacinação, que começa em 1796, com o Dr. Edward Jenner, contra a varíola. Em todo caso, na Europa, pois ela é praticada há muito tempo na China e na África.

A higiene não basta para proteger as nações

Surgido na Índia em 1817, o cólera se propaga na Rússia em 1830, depois na Europa Oriental, alcançando Berlim em 1831 e o restante da Europa em 1832. Essa terrível doença se abate principalmente sobre Londres, que se tornara o centro da economia do mundo, no lugar de Amsterdã.

A revolução industrial provoca uma concentração urbana e a aceleração dos meios de transporte. Mas as cidades europeias não têm infraestruturas sanitárias, sistemas de saneamento ou habitações adequadas para acolher essa massa de trabalhadores; isso favorece a contaminação da água pelos dejetos de pessoas infectadas, principal vetor das pandemias de cólera. Mais de 500 mil pessoas morrem assim na Inglaterra num período de três anos; cem mil na França, entre elas Casimir-Pierre Périer, o chefe do governo.

O poder policial não é suficiente para controlá-las. É preciso higiene.

A partir de 1833, em Londres como em Paris e outros cantos da Europa, os bairros insalubres são saneados, os barracos demolidos, os sistemas de drenagem assim como o de água corrente são instalados. As remessas postais são desinfetadas com vinagre branco, antes de serem distribuídas; as ruas são limpas; cordões sanitários são controlados pelos militares, que têm autorização de atirar contra os contraventores. E isso acontece até mesmo nas aldeias: em Cernay, pequena comunidade do Alto Reno, "as autoridades municipais tomam medidas draconianas de higiene. Os montes de esterco são removidos e banidos da cidade. Os depósitos de lixo são estritamente proibidos e punidos. Os comerciantes são rigorosamente instados a lavar e esfregar seus balcões e utensílios com cal. Nas fábricas, assim que surgem os primeiros sintomas, os operários doentes são enviados para suas casas. Infelizmente, com frequência os trabalhadores negligenciam os primeiros sintomas... A cada dia, todas as residências são visitadas por um voluntário. Se houver suspeita de um caso de cólera, a família é evacuada durante duas semanas. As habitações e os móveis são desinfetados com água clorada". Chega-se a outorgar uma "medalha do cólera".

Em 1838, a fim de lutar contra a peste no Império Otomano, o sultão de Constantinopla cria o Conselho Superior de Saúde, que organiza a colaboração entre os especialistas locais e ocidentais. Conselhos semelhantes são criados no Marrocos e na Pérsia. Nesse mesmo ano de 1838, o conde Molé, ministro do Exterior de Luís Filipe, propõe a reunião de um congresso internacional para unificar os regulamentos sanitários dos diferentes portos do Mediterrâneo. É preciso, entretanto, esperar 1851 para que se realize a primeira conferência sanitária internacional, em Paris.

Em 1855, na China, uma epidemia de peste faz 15 milhões de vítimas; em seguida, ela atinge a Índia. Nos dois países, provoca revoltas, repressões e um colapso econômico e político. A Ásia mergulha numa crise longuíssima, que permite à Europa dominá-la melhor durante mais de um século.

Acabar com a quarentena

Saindo do mundo feudal, agora sem o apoio de uma nobreza e de uma burguesia de Estado, o capitalismo precisa da liberdade do comércio, e a quarentena não lhe convém.

Da mesma forma, em 1860, a Inglaterra abandona a quarentena geral de todos os navios chegando a seus portos; ela se contenta com a imposição de uma visita médica a todos os passageiros de todo navio que desembarca num porto inglês. Se um doente é identificado, ele é enviado a um dos *fever hospitals* ["hospitais da febre"]. Aos outros passageiros é solicitado somente fornecer um endereço onde a polícia poderá controlar seu estado de saúde, uma semana após sua chegada.

Esse sistema se torna regulamentar em toda a Europa e não se revela menos eficaz que o precedente. Ou antes, não mais ineficaz: no século XIX, a tuberculose mata ainda mais de um quarto da população adulta da Europa, e continua a matar mesmo depois que, no final do século, um médico alemão, Robert Koch, descobre o bacilo que causa a doença.

Em 1907, após as tentativas abortadas em 1874 e 1903, doze países criam, em Paris, o Office International de Higiène Publique (OIHP), primeiro organismo permanente especializado na cooperação internacional em matéria de higiene, em particular para fazer recuar o cólera, cujo retorno a Europa teme. O papel dessa agência é centralizar as informações sobre as epidemias entre os países membros, com um secretariado permanente que organiza diversas conferências para impor regras de higiene global, limitadas aos países membros desse organismo.

As gripes matam mais do que nunca

Em 1899, ocorre a primeira grande pandemia de gripe (enfermidade provocada por um vírus da família dos *orthomyxoviridae*): ela vem da Sibéria e depois se alastra para Moscou, Finlândia e Polônia. No ano seguinte, ela chega à América do Norte e à África. Ao final dos anos 1890, 360 mil pessoas morrem em consequência dela. Essa epidemia desaparece então por algum tempo.

Ela reaparece no início de 1918. Primeiramente na China, depois nos Estados Unidos e na Europa, onde, porém, está fora de questão interromper as operações militares. A censura sobre o tema é total; apenas a imprensa espanhola, país neutro, a menciona (daí o nome correntemente dado a essa pandemia: "gripe espanhola"). Quando os primeiros casos surgem na França, o jornal parisiense *L'Intransigeant* evoca uma doença que "nada tem de perigosa". Os velhos, que comandam o país, sacrificam os jovens na guerra e na epidemia.

Na primavera de 1918, nos Estados Unidos, algumas cidades como São Francisco, Des Moines, Milwaukee, Saint Louis e Kansas City levam a situação a sério: escolas, igrejas, teatros e salas de reunião são fechados; as aglomerações de mais de dez pessoas são proibidas. Com sucesso: segundo um estudo recente publicado no *Journal of the American Society of Cytopatology*, essas cidades conseguiram reduzir à metade as taxas de transmissão. Mas nenhuma ordem de fechamento ou de distanciamento é dada em âmbito federal.

Em novembro do mesmo ano, a maioria das cidades americanas afrouxa as restrições e abandona o confinamento. A pandemia tem sua violência duplicada; a mortalidade volta a crescer. Em São Francisco, a mortalidade se torna 20 vezes mais elevada do que teria sido, se as restrições tivessem sido mantidas.

No total, essa epidemia provoca entre 50 e 120 milhões de óbitos, ou seja, entre 3% e 6% dos 1,8 bilhão de habitantes do planeta. Dois terços dos mortos têm entre 18 e 50 anos. Principalmente homens (nos Estados Unidos, a taxa de mortalidade masculina para essa pandemia é de 174 por 100 mil habitantes, superior à mortalidade feminina).

Em 1919, os Estados Unidos se opõem a que o Office International de Higiène Publique (OIHP) passe ao controle da Sociedade das Nações, recentemente criada, à qual eles, no entanto, aderiram. A SDN instaura então seu próprio comitê de higiene e adota, em 1926, uma Convenção Sanitária Internacional, contendo pela primeira vez disposições de controle relativas à varíola e ao tifo; mas disposições ainda limitadas aos países membros do acordo.

Em 1928, um médico britânico, Alexander Fleming, descobre por acaso o primeiro antibiótico – que será chamado de penicilina –, capaz de tratar infecções bacterianas. Será preciso esperar ainda mais de dez anos para que ele seja utilizado para fins médicos.

No mesmo momento, da mesma maneira que foram interrompidas as medidas de confinamento sanitário, cessam as medidas de apoio orçamentário: após alguns "Anos Loucos" ilusórios, a crise econômica dispara. Em 1930, nos Estados Unidos, observa-se a primeira enfermidade devida ao que será chamado mais tarde de coronavírus. Ela é circunscrita às aves domésticas, nas quais provoca uma aflição respiratória. A Grã-Bretanha perde o poder; não em detrimento de seu grande rival alemão ou de seu aliado francês, mas dos Estados Unidos da América.

Duas lições a tirar: a ilusão de uma vitória rápida em face de uma epidemia e um retorno demasiadamente rápido à ortodoxia orçamentária conduzem ambos ao desastre.

Na mesma época, um médico americano, Max Theiler, desenvolve a vacina contra a febre amarela. Um outro, Jonas Salk, cria uma vacina contra a gripe, utilizada pela primeira vez em 1944 pelo exército americano. Esse mesmo exército só registrará oficialmente 104 casos de tifo e nenhuma morte, durante a Segunda Guerra Mundial, pois ele dispõe de uma vacina. Enquanto isso, uma epidemia de tifo atinge as tropas alemãs na Rússia, cujo exército é então devastado. O tifo atinge igualmente e sobretudo os prisioneiros nos campos de concentração; Anne Frank, assim como milhares de outras pessoas, morrerá por causa dele.

Em 1953, Salk elabora (com o francês Lépine e o russo Sabin) a primeira vacina contra a poliomielite.

A saúde de uns está relacionada à de todos os outros

Desde a criação da Organização das Nações Unidas, em 1946, torna-se imediatamente importante criar uma nova instituição mundial especializada na saúde; uma conferência mundial da saúde reúne 61 Estados em Nova York e cria a Organização Mundial da Saúde (OMS); a sede é instalada em Genebra. Diferente das organizações anteriores, que se dedicavam unicamente à saúde dos cidadãos dos países membros, a OMS estipula o "direito à saúde de todos os povos". Ela se dá por missão elaborar normas em termos de saúde, apoiar a pesquisa e a formação médica, tomar medidas para bloquear uma epidemia e ajudar todos os

Estados que pedirem ajuda. Entretanto, a OMS é dotada de poucos poderes: ela não pode aplicar sanções aos países que não respeitarem o direito fundamental aos remédios essenciais ou que não obedecerem às suas recomendações em termos de investimentos essenciais na saúde.

De 1957 a 1959, uma gripe chamada de "asiática" provoca dois milhões de óbitos em todo o mundo, dos quais 30 mil na França, na época um país de 45 milhões de habitantes (contra 10 mil para gripes sazonais). Decorre daí uma recessão nos Estados Unidos e na Europa, que passa relativamente despercebida.

Em 1966, é descoberto o primeiro coronavírus infeccioso aos humanos; ele é identificado por uma pesquisadora escocesa autodidata, June Almeida, e seu colega David Tyrrell.

Em 1968, o termo "coronavírus" é utilizado pela primeira vez para descrevê-lo, na revista *Nature*. Em 1969, outra pandemia de gripe mata um milhão de pessoas no mundo. Ela produz 35 mil mortos na França, das quais 25 mil durante o único mês de dezembro. Os trens são paralisados por falta de condutores; escolas fecham por falta de professores. Essa gripe passa ainda relativamente despercebida, exceto pelo fato de levar a uma conscientização sobre a necessidade de uma vacinação da população idosa. Em outubro de 1969, a OMS ainda declara se tratar apenas de uma gripe sazonal.

Dez anos mais tarde, a OMS anuncia a erradicação da varíola, após a doença ter matado 500 milhões de pessoas.

Em 1976, no Sudão e no Congo, surge brevemente uma nova pandemia terrível, provocada pelo vírus chamado "ebola".

Aids, ebola e mais ainda...

Em junho de 1981, uma nova pandemia tem início, de natureza bem distinta: a agência epidemiológica de Atlanta anuncia que cinco homens homossexuais de Los Angeles sofrem de uma pneumonia raríssima. Fala-se então da doença dos 3H (haitianos, homossexuais, hemofílicos). É a aids. Ela não afeta somente os homossexuais. Em janeiro de 1982, seu vírus é isolado por uma equipe do Instituto Pasteur. Em 1987 é prescrito um tratamento, o AZT, de eficácia limitada e com efeitos secundários devastadores. A mobilização é geral. Uma nova organização internacional, a UNAIDS, criada em 1995, permite coordenar a ação de diferentes agências especializadas. A batalha tem início. Os comportamentos sexuais de todos devem mudar. Irreversivelmente. E os resultados são bons: em 1996, pela primeira vez desde o começo da epidemia, o número de vítimas da aids nos Estados Unidos diminui.

Em 1999, um relatório da OMS e da UNAIDS avalia que dos 50 milhões de pessoas infectadas por esse vírus desde o início da epidemia – das quais 12 milhões estavam na África – 16 milhões de pessoas morreram.

Outras epidemias se anunciam. Em 1998, alguns analistas começam a evocar os riscos de epidemias globais e suas consequências sobre a sociedade e a economia mundiais. Dediquei ao assunto um artigo em meu *Dicionário do século XXI*, publicado naquele mesmo ano.

Em novembro de 2002, um novo vírus, o SARS-CoV (acrônimo em inglês de *Severe Acute Respiratory Syndrome-Related Coronavirus*), de origem animal, aparece no sul da China. Essa nova infecção é rapidamente identificada; uma advertência é lançada pela OMS. Em janeiro de 2003, Pequim decide fechar suas escolas. O vírus alcança Hong Kong e Singapura em fevereiro de 2003; Hong Kong fecha as escolas e restringe as reuniões públicas. Nesse ano, o PIB chinês é reduzido em 1%; mas, como a China ainda representa apenas 4% do PIB mundial, isso não causa nenhum impacto importante sobre a economia global.

No verão de 2003, a doença desacelera e se afasta. No total, houve, ao que parece, oito mil doentes e 800 óbitos em termos globais. Na França, foram registrados sete casos e um só falecimento.

Em 2005, uma epidemia de gripe aviária provoca um verdadeiro pânico: irá ela atingir os humanos? A França decide constituir um estoque estratégico de máscaras e remédios: 14 milhões de doses de Tamiflu, único medicamento antiviral disponível com eficácia preventiva e curativa comprovada contra esse vírus.

Em janeiro de 2009, uma época assolada por uma gravíssima crise financeira, uma epidemia de gripe tem início no México, depois se estende para os Estados Unidos; seu vírus, o H1N1, é identificado em março. A taxa de complicações severas desse vírus é relativamente similar àquela das gripes sazonais (2 a 3 por 1.000 pacientes), mas ela desencadeia uma taxa de mortalidade excessivamente elevada de mulheres grávidas e homens obesos. Na França, esse vírus chega na primavera; algumas classes escolares são fechadas em abril; em julho de 2009, a França encomenda 94 milhões de doses de vacina contra essa gripe e 1,7 bilhão de máscaras (sendo um bilhão de máscaras cirúrgicas e 700 milhões de máscaras do tipo FFP2).

Nesse mesmo ano de 2009, após um relatório do Ministério da Defesa francês, um relatório da CIA estima que o "surgimento de uma nova doença respiratória humana virulenta, extremamente contagiosa, para a qual não existe tratamento adequado, poderia desencadear uma pandemia global". Ela poderia intervir "sem dúvida dentro de uma zona de forte densidade populacional, com grande proximidade entre seres humanos e animais, como existe na China, onde as populações vivem em contato com o gado".

Neste mesmo ano, volto a falar sobre isso em outro de meus livros, *La Crise, et après?* ["A crise, e depois?"].

Em 13 de janeiro de 2010 é anunciado na França o fim dessa epidemia de gripe: 5,5 milhões de pessoas foram vacinadas; menos de 500 pessoas teriam morrido em consequência desse vírus. Em 10 de agosto de 2010, a OMS anuncia o fim da pandemia com um saldo mundial de 18.500 mortes (enquanto a gripe sazonal provoca até 300 mil vítimas por ano no mundo). Na realidade, essa epidemia teria causado entre 100 mil e 575 mil óbitos no mundo.

Mais uma vez, ela passa despercebida.

Em 2012, um tratamento preventivo da aids, o PrEP (profilaxia pré-exposição), é autorizado nos Estados Unidos; em São Francisco, o número de novos casos cai pela metade. A doença é controlada. Ninguém percebe que outras epidemias se multiplicam rapidamente.

Em 2014, o ebola reaparece na África. Ele seria originário do consumo de carne de animais selvagens contaminada. Cerca de 11 mil mortes são registradas; essa pandemia é logo interrompida, pois os doentes morrem tão rapidamente que não têm tempo de contaminar muitas pessoas.

Em 2015, uma epidemia de um novo coronavírus, o MERS-CoV, vindo do Oriente Médio, transmitido dos camelos aos homens, é mal controlada na Coreia do Sul. Trinta e seis pessoas morrem e 186 são contaminadas. Os sul-coreanos ficam traumatizados. É um escândalo político. Eles se preparam para não cometerem os mesmos erros: aprendem então que, em face de uma pandemia de coronavírus, é necessário que todo mundo use máscara, seja testado, e que os doentes e aqueles que poderiam ter sido contaminados por eles devem ser confinados.

Em 2018, no Centro Coreano de Controle e Prevenção de Doenças (KCDC), o departamento de monitoramento de epidemias cria um grupo de trabalho para supervisionar o retorno eventual de um outro coronavírus e se preparar para combatê-lo.

As pandemias se multiplicam: 40 epidemias de cólera são assinaladas a cada ano à OMS. A febre amarela ainda mata 30 mil pessoas por ano; a malária, 450 mil vítimas fatais no mesmo período. Desde 1970, mais de 1.500 novos agentes infecciosos patógenos foram descobertos, dos quais 70% de origem animal. Desde 2009, a OMS declarou seis vezes o estado de urgência de saúde pública de alcance internacional: gripe H1N1 (2009), poliomielite (2014), ebola (2014 e 2019), Zika (2016). Em 2017, uma importante epidemia de peste ainda ocorreu em Madagascar, com 2.417 casos e 209 falecimentos.

A partir de 2017, tudo leva a crer que uma nova epidemia importante se aproxima. Nesse mesmo ano, eu mencionei isso em vários artigos, livros e conferências.

Em 2018, a professora de saúde pública da Universidade de Edimburgo Devi Sridhar anuncia, durante o Hay Festival que se realiza anualmente no País de Gales: "A maior ameaça à população britânica é uma pessoa que foi infectada por um animal na China".

2

UMA PANDEMIA
DIFERENTE DAS OUTRAS

AO LONGO DA HISTÓRIA, AS EPIDEMIAS parecem
obedecer a certas características constantes: conforme vimos, quase todas começam na Ásia, e principalmente na
China; elas assolam em seguida as nações da Europa, da
América e da África, com consequências culturais, sociais,
políticas, geopolíticas por vezes graves. Em geral, os ricos
se safam evidentemente muito melhor do que os pobres;
mas se as potências não trazem uma solução eficaz, uma
pandemia pode dar o golpe de misericórdia às elites, com
frequência aos sistemas políticos já fragilizados.

Durante milênios, na maior parte das civilizações,
nas diversas formas de religião, a vida humana (excetuan
do a dos poderosos) não vale grande coisa: ela é curta,
sem verdadeiro valor, nem político, nem ideológico, nem
econômico. E como não dispomos de nenhum meio tera-
pêutico de nos precaver contra essas pandemias, os ricos
fogem ou se isolam. Os outros se contentam em esperar
um além-mundo melhor.

Depois, começou-se a dar respostas mais materiais ao mal: através da polícia, da higiene, de uma vacina e em seguida um remédio. Sem jamais interromper voluntariamente as atividades econômicas: é preciso trabalhar para se ter com o que viver; mesmo correndo o risco de morrer. E como a morte ainda é percebida como perfeitamente normal, mesmo por aqueles para os quais ela não tem mais um sentido religioso, aceita-se quando ela sobrevém, seja qual for a idade.

A escandalosa morte

Foi só recentemente, nos anos 1980, que, ao menos nos países mais desenvolvidos, certas formas de morte começam a parecer inaceitáveis. A tal ponto que, hoje, pela primeira vez, estamos prontos para paralisar a economia a fim de proteger a vida.

Por quê? Alguns quiseram ver aí uma simples consequência do desenvolvimento recente da economia digital, que permite o trabalho à distância e assim uma proteção melhor do que antes. Isso é totalmente secundário. O essencial se encontra, mais uma vez, na relação com a morte. Numa época em que as guerras desaparecem do horizonte de alguns desses países, só se fala sobre mortes ocorridas no decorrer dos raros conflitos nos quais esses países ainda estão envolvidos, mortes por acidente ou por atos de terrorismo. Não se mencionam mais as mortes naturais, exceto quando se trata de celebridades; e, parcamente, as mortes devidas à violência urbana ou provocadas pelo consumo de drogas.

Os únicos óbitos abordados são, portanto, aqueles que ocorrem em circunstâncias excepcionais, ou aqueles de personalidades muito conhecidas, artistas ou dirigentes. Esses são os únicos que têm direito aos títulos e às honras; o falecimento deles é um assunto de debate público, ou de comemoração.

As mortes anônimas, de câncer, acidentes cardíacos, diabetes, Alzheimer, gripe, fome, droga, infinitamente mais numerosas (a fome mata sete vezes mais do que os acidentes nas estradas, que por sua vez matam cerca de duas vezes mais do que a gripe sazonal), continuam passando despercebidas; além disso, essas mortes são cada vez mais discretas: não se morre mais em família; morre-se em geral de velhice, e até mesmo de longeva velhice; frequentemente sozinho. Por egoísmo dos filhos. Por impossibilidade econômica. Ou porque a dependência excessiva do paciente torna impossível mantê-lo em casa.

A lição é clara: quando a morte permanece íntima, previsível, ela é tolerada; quando ela ronda as ruas, e pode acontecer a qualquer um, em momentos imprevisíveis, ela se torna intolerável.

E é exatamente disso que se trata numa pandemia: uma morte improvável, que ameaça a todos, a morte de todos, privando cada um de sua morte íntima.

Na China: mentir para si mesmo

Assim, quando, sem dúvida no final de 2019, uma nova pandemia começa na China, estava tudo pronto para que ela fosse controlada de maneira totalmente diversa do tratamento dados às pandemias precedentes.

E de fato, uma pandemia vai desencadear, pela primeira vez e por erro, o confinamento, possível mas evitável, de mais da metade da humanidade. Isso põe, voluntariamente, a economia num estado de paralisação parcial, provocando desse modo a pior crise econômica, social, e em breve política dos três últimos séculos.

Porque este confinamento era evitável. Ele é o resultado de uma sequência de erros, dos quais é necessário compreender o encadeamento preciso para, talvez, numa próxima ocasião, os evitar.

Desde o SARS de 2003, sabe-se que, na China e nos principais laboratórios do mundo, um novo vírus vai surgir: inúmeros livros, filmes e séries de televisão, dentre elas uma chinesa, o evocam desde pelo menos 2009. Vários laboratórios se preparam para decifrar tal vírus, às vezes com objetivos militares. Entretanto, em Pequim, no ápice dessa ditadura opaca, não há previsão do retorno dessa epidemia. Para isso, teria sido necessário falar ao povo; confessar-lhe que um evento exterior podia ameaçar um regime supostamente infalível. E isso está fora de questão.

Somente algumas raras democracias da Ásia, e primeiramente a Coreia do Sul, tendo preservado a memória dos coronavírus precedentes, se preparam para isso. Elas sabem que, se a pandemia retornasse, seria preciso impor imediatamente o uso de máscaras, a aplicação de testes e o isolamento de indivíduos contaminados, assim como de seus próximos.

Veremos mais adiante que esses raros países escaparam assim, por ora, do desastre médico e humano, e teriam também escapado da crise econômica, se seus parceiros comerciais não tivessem, por sua vez, acumulado tantos erros ao imitar o modelo chinês.

Infelizmente, quis o destino que fosse numa ditadura, a China, que tudo começasse; uma ditadura que camufla a realidade, para si mesma de início, e depois para os outros.

Infelizmente, quis o destino em seguida que tenha sido essa ditadura, e não as democracias vizinhas, que o conjunto das nações do mundo, tomado pelo pânico, quis imitar.

Essa afeição ao segredo e essa determinação em não ser humilhada, na China, são fáceis de entender: para começar, o país não preservou a memória dos erros anteriores, que os dirigentes precedentes tinham dissimulado de todo o mundo, inclusive de seus sucessores. Em seguida, a China não estava preparada para ouvir as vozes críticas, internas ou externas, que teriam podido alertá-la, permitindo-lhe assim agir com rapidez e dispor de tempo para pôr em prática uma estratégia melhor, aquela que seu vizinho sul-coreano preparara desde 2008. Assim que a pandemia se tornou galopante, e a China foi obrigada a reconhecê-lo, ela só podia, por falta de máscaras e testes, agir como fez.

Da mesma forma, o histórico dessa epidemia, por mais enfadonho que ele possa parecer, é fundamental para compreender o que aconteceu. Por sinal, foi ao verificá-lo, que eu compreendi aquilo sobre o que não se fala, e sobre o que nunca se falará o bastante...

Uma pandemia diferente das outras

Os primeiros sintomas desse novo vírus aparecem, ao que se sabe, em 17 de novembro de 2019, em Wuhan, cidade industrial chinesa de 11 milhões de habitantes, capital da província de Hubei. Provavelmente num mercado de venda por atacado. A menos que tenha sido num laboratório de pesquisa, possibilidade cada vez menos crível. Segundo hipóteses ainda incertas, as primeiras contaminações teriam mesmo ocorrido durante os Jogos Militares Mundiais, que se realizaram em Wuhan de 18 a 27 de outubro. Se foi o caso, isso demonstraria que a progressão do vírus é menos rápida do que se acredita no momento.

A primeira reação das autoridades chinesas foi trágica e característica de uma ditadura: nada é dito publicamente; nenhuma advertência é feita a ninguém. Nem sobre a natureza do vírus. Nem sobre a fonte de contaminação. Nem sobre o que seria preciso fazer para se precaver. Pior ainda: os médicos que falam sobre isso são presos.

Compreende-se assim rapidamente que nenhum remédio funciona. E tudo o que se pode fazer é abrandar o sofrimento dos doentes e ajudar cada um deles a fazer funcionar, tanto quanto possível, suas defesas pessoais, em particular, nos casos graves, fornecendo-lhes oxigênio e mesmo, nos casos gravíssimos, colocando-os em estado de coma artificial.

Se ninguém sabe ainda realmente quando as mais altas autoridades chinesas foram avisadas sobre o que se passava em Wuhan, pelo menos sabe-se que ninguém, entre esses dirigentes, chegou à conclusão de que era premente o uso de máscara, o isolamento do vírus e o teste de toda a população. Ao menos no epicentro da pandemia, Wuhan, considerando que, em dezembro, era possível entrar e sair da cidade livremente. Pelas estradas, em trens ou aviões.

Saberemos um pouco mais tarde que houve, segundo as fontes oficiais, pelo menos 104 casos em dezembro, dos quais 15 fatais. Sem dúvida, o número é bem maior. Pois todas as estatísticas oficiais chinesas são evidentemente mais do que duvidosas.

Quando as pessoas, dentro da cidade, começam a falar sobre o assunto, o partido comunista faz tudo para calá-las: no final de dezembro, os censores do partido bloqueiam no WeChat e outras plataformas de correio eletrônico centenas de palavras-chaves e combinações de palavras-chaves, entre elas "Mercado de Wuhan" e "SARS".

No mesmo momento, informados sobre esse vazamento, vários laboratórios, entre eles alguns coreanos e o alemão TIB Molbiol, preparam diferentes kits de teste baseados no SARS e outros coronavírus conhecidos, enquanto aguardam para saber mais sobre este.

Em 17 de dezembro de 2019, na Coreia do Sul, onde nenhum caso é registrado, o grupo de trabalho formado em abril de 2018 dentro do Centro Coreano de Controle e Prevenção de Doenças (KCDC) trabalha com o cenário fictício de uma família sul-coreana que teria voltado da China, onde tinha sido infectada por uma nova doença. O grupo discute sobre os métodos de diagnóstico, sobre os perímetros das pessoas em risco a serem isoladas e sobre o método de rastreamento de itinerários dos indivíduos infectados.

Em 30 de dezembro de 2019, a doutora Ai Fen, chefe do serviço de um hospital de Wuhan, preocupada com a semelhança entre essa nova infecção desconhecida e o SARS (coronavírus surgido na China em 2002), compartilha através do WeChat um relatório de diagnóstico realizado por um de seus colegas com um grupo de médicos, entre os quais encontra-se o doutor Li Wenliang. Em seguida, ela alerta sua hierarquia. A reação do governo não tarda a chegar: em 1º de janeiro de 2020, um supervisor do hospital proíbe Ai Fen de "espalhar rumores", obrigando centenas de médicos e enfermeiros a cuidar de pacientes sem nada conhecerem sobre a epidemia. Oito médicos, entre os quais o doutor Wenliang, são presos; a polícia exige que eles assinem um documento no qual confessam ter "perturbado a ordem social".

Em 9 de janeiro de 2020, as mídias chinesas finalmente mencionam uma "nova doença", mas sem salientar sua importância. O mercado de animais silvestres de Wuhan é fechado. Nesse mês de festividades do Ano Novo Lunar, as pessoas continuam a viajar normalmente: sete milhões de pessoas deixam Wuhan durante o feriado.

No dia 11, a sequência do genoma, decifrada na China, é imediatamente compartilhada com a comunidade científica mundial. O TIB Molbiol divulga então o seu teste mais adaptado a esse genoma, entre todos aqueles que havia feito. Esse teste é imediatamente difundido na rede pela OMS.

Em 12 de janeiro de 2020, os sul-coreanos iniciam a fabricação em massa de máscaras e de testes com base nesse genoma. Neste momento, ainda não foi registrado caso algum nesse país.

Em 13 de janeiro, o primeiro caso é recenseado fora da China, na Tailândia: um turista proveniente de Wuhan. Em 14 de janeiro, o diretor da comissão nacional da saúde chinesa alerta as mais altas autoridades do país: "É o maior desafio desde o SARS de 2003". Nenhuma reação.

Em 18 de janeiro, o prefeito de Wuhan organiza, em celebração ao Ano Novo, um banquete para 40 mil pessoas, do qual um jornal local publica as fotos no dia seguinte, felicitando os convidados por terem superado a febre, a tosse e a doença para participarem do evento! Em 20 de janeiro, o Ministro da Saúde chinês confirma pela televisão estatal que a doença se transmite entre as pessoas; no mesmo dia, o presidente Xi Jinping afirma, publicamente, que há uma nova epidemia que deve ser levada a sério.

Em 20 de janeiro, o primeiro caso é confirmado na Coreia do Sul. O KCDC define um protocolo de identificação, na hipótese de surgirem outros casos.

Em 21 de janeiro, um primeiro caso é confirmado nos Estados Unidos, em Seattle: um residente americano proveniente de Wuhan.

Em 23 de janeiro, ou seja, quase um mês após a deflagração da epidemia, na China, segundo os números oficiais, é transposta a barra de mil casos, enquanto na verdade há nesse momento pelo menos 2.500 novos doentes por dia. O poder chinês compreende que esperou demais. E que não pode mais agir. O que fazer?

A China não dispõe de máscaras e testes suficientes. É demasiadamente tarde para tomar outra medida que não seja um brutal confinamento. Pânico em Pequim. Wuhan é isolada. Hotéis, estádios e parques de exposição são mobilizados. Inicia-se a construção de dois hospitais de urgência no subúrbio de Wuhan; como a obra é realizada em menos de dez dias, propagam em todo canto a eficácia chinesa, ao passo que deveria se ver aí a reação de pânico de um poder que não soube planejar a tempo, isto é, em dezembro, a distribuição de máscaras e testes, e o isolamento dos contaminados e de seus próximos.

Em 24 de janeiro, são confirmados na França os três primeiros casos: pessoas vindas de Wuhan.

Em Paris, deveriam então ter se interessado por essa doença e pela reação de Seul, assim como de Taiwan, Hong Kong e Singapura. Deveriam ter começado a produzir máscaras e testes, como os sul-coreanos e os alemães; e muitos outros. Mas nada é feito. Não se esboça a menor reação.

Em 28 de janeiro, primeiro caso no Oriente Médio (em Dubai) e na Alemanha; os dois provenientes da China. No mesmo dia, primeiro caso na Itália: um casal de turistas chineses chegando ao aeroporto de Milão. Em 30 de janeiro, primeiro caso na Índia: um estudante voltando de Wuhan. No mesmo dia, a OMS se exprime finalmente sobre "um risco importante de pandemia". Em 31 de janeiro, quando se descobrem dois casos na Inglaterra e a força aérea francesa baseada em Creil repatria cidadãos franceses de Wuhan para a base de Istres, só existem oficialmente 9.826 casos no mundo. Um número certamente muito subestimado.

Sabemos então que a média da idade dos pacientes mortos em Wuhan é de aproximadamente 70 anos. A obesidade, a hipertensão, as doenças respiratórias e o diabetes são altamente suspeitos de representarem fatores de comorbidade.

Em 7 de fevereiro, a morte do doutor Wenliang, um dos que lançaram o sinal de alerta em Wuhan, comove toda a China, apesar da censura. Em 14 de fevereiro, primeiro falecimento no continente africano, no Egito. Em 15 de fevereiro, a primeira morte fora da Ásia ocorre na França: um turista chinês de 80 anos. E ainda, nenhuma reação dos poderes políticos europeus e francês. Exceto para dizer que tudo está sob controle. Alguns médicos franceses continuam a se ridicularizar, falando de uma epidemia de gripe sem importância. Eles dão sua contribuição aos erros dos políticos. Entre 17 e 24 de fevereiro, várias pessoas são contaminadas durante uma reunião religiosa na comuna francesa de Mulhouse, com 2.500 evangélicos vindos sobretudo da região da Alsácia, no nordeste do país.

Na Europa, ninguém dá atenção ao que acontece fora da China.

Em 19 de fevereiro, a partida da Liga dos Campeões entre Atalanta e Valência, na Itália, representa sem dúvida uma ocasião de contaminação em massa, o que torna essa região um local de formidável expansão da epidemia. É no departamento francês de Oise que, em 25 de fevereiro, falece o primeiro francês vítima do coronavírus. Em 27 de fevereiro, o Senegal confirma seu primeiro caso, um italiano vindo de Milão.

Em 28 de fevereiro, tudo indica que a China ocultou de si mesma, e ocultou do mundo, o que poderia ter permitido erradicar a tempo a pandemia; a OMS felicita o povo chinês por ter dado provas de um "envolvimento profundo", "a fim de lutar contra essa ameaça comum". Enquanto na verdade, na China, a censura é mais absoluta do que nunca: 516 novas combinações de palavras-chaves são censuradas nos aplicativos de mensagem WeChat e YY.

Em 29 de fevereiro, contam-se oficialmente 85.203 casos no mundo, com pouco mais de três mil óbitos. Números, com certeza, totalmente subestimados. Sabe-se, porém, que 99% desses mortos têm mais de 50 anos e mais de 40% são octogenários.

Na Itália, a epidemia parece agora fora de controle; os hospitais estão superlotados. Os equipamentos respiratórios, o único tratamento possível, são insuficientes. É necessário escolher explicitamente quem será tratado. Ou antes, a quem fornecer os meios para respirar por um pouco mais de tempo... Os médicos italianos fazem milagres. Em 9 de março, o governo italiano impõe a quarentena em todo o país.

Em 11 de março, a OMS anuncia que a epidemia de Covid-19 se tornou uma "pandemia". Passaram-se pelo menos três meses desde o primeiro caso.

A pandemia avança em velocidades diferentes segundo os países europeus: os 500 casos são alcançados em 27 de fevereiro na Itália, em 5 de março na França e na Alemanha; em 7 de março na Espanha; na Grã-Bretanha no dia 11 de março. O patamar de 10 mil casos é atingido, no total desses cinco países da Europa, no dia 8 de março. Nos Estados Unidos, um novo foco importante, o mesmo número é alcançado em 18 de março. Em outras partes, a verdade continua sendo voluntariamente escondida: em 26 de março, o presidente Putin declara: "Não há epidemia na Rússia".

Em 31 de março, registram-se oficialmente 777 mil casos no mundo. No início de abril, a OMS estima que 95% das pessoas mortas pelo vírus na Europa tinham mais de 60 anos.

A pandemia continua se propagando. Em 21 de abril, 2,5 milhões de casos são recenseados, dos quais 787 mil casos nos Estados Unidos e 680 mil casos na Itália, Espanha, França e Alemanha juntas. Praticamente nenhuma vítima na Coreia do Sul, Taiwan, Singapura, Hong Kong e em outros países... Quanto à China, ela afirma ter controlado a pandemia e não contaria mais do que 83 mil casos, oficialmente, com 4.637 mortos, dentre os quais somente 125 verificados fora da província de Hubei, que concentraria cerca de 84% do total de casos detectados. Números totalmente subestimados.

Na América Latina, ao final de abril, contam-se oficialmente cerca de 50 mil casos, numa população de 650 milhões de habitantes; na África, 10 mil casos, numa população de 1,3 bilhão de pessoas. Noventa e nove casos novos são registrados em Burkina Faso entre 16 e 30 de abril. Esses números também são inverificáveis. Na Rússia, a curva de contaminação dispara, com mais de dez mil casos por dia. E mais ainda nos Estados Unidos.

Em 23 de junho de 2020, a pandemia do coronavírus atinge oficialmente 9,3 milhões de pessoas e provoca a morte de 478 mil entre elas, das quais 121.225 nos Estados Unidos, 34.675 na Itália, 29.723 na França, 28.325 na Espanha, 14.476 na Índia, 8.924 na Alemanha, 4.640 na China, 2.102 na África do Sul, 308 em Israel, 281 na Coreia do Sul e 7 em Taiwan. E ainda, pouquíssimos mortos com menos de 50 anos.

Mas a pandemia continua sua aceleração mundial. Quase seis semanas depois, em 3 de agosto, o número de casos atinge 18,1 milhões de pessoas com 690 mil falecimentos, dos quais 155.471 nos Estados Unidos, 94.655 no Brasil, 48.012 no México, 46.295 no Reino Unido, 38.938 na Índia, 35.166 na Itália, 30.268 na França, 28.472 na Espanha, 14.327 na Rússia, 9.161 na Alemanha, 8.539 na África do Sul, 4.672 na China, 546 em Israel, 301 na Coreia do Sul e ainda 7 em Taiwan. Três meses e meio mais tarde, em 23 de novembro, enquanto a pandemia ainda progride com cerca de 600 mil contaminações cotidianas, mais de 59,7 milhões de pessoas foram infectadas, com quase 1,4 milhão de óbitos no mundo, dos quais mais de 257 mil nos Estados Unidos, 169 mil no Brasil, 134 mil na Índia, 101 mil no México, 55 mil no Reino Unido, 50 mil na Itália, 49 mil na França, 45 mil no Irã, 43 mil na Espanha, 37 mil na Argentina, 36 mil na Rússia, 35 mil no Peru, 20.500 na África do Sul, 14 mil na Alemanha, 4.742 na China, 2.818 em Israel, 510 na Coreia do Sul e ainda 7 em Taiwan.

Esses dados são extremamente incertos e, sem dúvida, em muitos países, bem inferiores à realidade, por conta da ineficácia na contagem ou da censura. Por exemplo, nada se sabe sobre a Venezuela. Tampouco se sabe do efeito da pandemia sobre os refugiados, que são oficialmente 70 milhões no mundo e, de fato, ainda mais nos acampamentos das Nações Unidas ou em barracas improvisadas em toda parte.

Além disso, o pânico diante dessa doença provoca uma mortalidade excessiva decorrente de outras enfermidades, que são negligenciadas. Ele agrava também a mortalidade relacionada às drogas, ao desemprego, ao desespero que tudo isso provoca.

Esta pandemia não acontece por acaso

Esta pandemia não veio por acaso: conforme vimos, a probabilidade de sua ocorrência aumentava com a multiplicação das pandemias anteriores. E bastava observar as ocorrências das duas últimas décadas para prever sua chegada. E se preparar.

Além disso, uma grande quantidade de comportamentos acentuava a probabilidade de sua chegada e, sobretudo, sua periculosidade. Como se o mundo tivesse feito tudo para não conseguir represá-la, e para não se preparar a fim de derrotá-la.

Para começar, os sistemas de saúde se achavam, havia muito tempo, fragilizados por uma ideologia que os considera, quase mundialmente, como um encargo e não como uma riqueza. Eles contam com menos médicos, hospitais, equipamentos, material e pesquisas do que o necessário.

Em seguida, o mundo nunca esteve mais aberto, interdependente. Nunca antes, a quantidade de viagens para reuniões e turismo fora tão elevada. A globalização financeira encontrava-se em seu apogeu. A tecnologia digital, apesar de todas as censuras, estava globalizada de um modo irreversível e globalizava as relações entre as pessoas e os serviços, sem que nada ou quase nada pudesse interditá-la.

E depois, a humanidade estava contentíssima consigo mesma; ela perdera o sentido do trágico. Ninguém, praticamente, dentro das nações mais poderosas, pensava que a infelicidade fosse possível. E, quando ela se aproximava, ninguém queria enxergá-la.

Em seguida também, já havia mais de vinte anos, o egoísmo, a visão curta, o isolamento de seus semelhantes triunfavam; excesso de egoísmo; excesso de deslealdade; excesso de precariedade. Demasiadas fortunas. Demasiada miséria. Essas bolhas insuportáveis. Uma situação climática cada vez mais catastrófica. Infinitos desperdícios. Profissões e atividades sem mais razão de existir; uma recusa a se adaptar às exigências ambientais e, em particular, às mudanças climáticas. Uma noção do essencial demasiadamente insuficiente. Muito pouca consideração pelos interesses das gerações futuras. Sistema políticos que haviam se tornado por demais pesados, burocráticos, não compreendendo, ou refutando, a imensidão das mudanças a serem levadas em questão. Sociedades com dificuldades para ao menos contemplar a renúncia aos prazeres ultrapassados, aos rituais moribundos.

Finalmente, e talvez o principal, o que explica todo o resto, sociedades incapazes de desenvolver serviços básicos de higiene: mais de 45% da população mundial não têm acesso a uma torneira de água corrente em suas residências; mais de 2 bilhões de pessoas não têm acesso aos sanitários. Segundo um estudo realizado por S. Kumar, em 2017, o sabão só se encontra disponível em 20,8% das residências do Senegal, 55% no Chade ou 64% no Togo. Pelo menos 10% da população mundial comem alimentos irrigados por águas de esgoto; a alimentação de mais da metade da população do planeta passa pelos grandes mercados atacadistas, cuja higiene é mais do que suspeita; como o de Wuhan, onde, presumivelmente, desencadeou-se esta pandemia.

Conclusão, tudo acontece como se, inconscientemente, todo o mundo tivesse entendido que, de um modo ou de outro, nada disso era mais duradouro, era mais suportável. Que nada fazia sentido. Que era preciso mudar tudo. E que era necessário agir. E que para isso seria imprescindível um choque...

Aqueles que fazem as boas escolhas

Diante deste evento monstruoso, que não estava previsto mas poderia ter sido, ao qual teria sido importante dar imediatamente um nome e um sentido, começou-se a constatar, em todas as partes do mundo, que não havia nenhum tratamento eficaz disponível, e que não haverá ainda por muito tempo.

O primeiro país que tomou consciência do que estava acontecendo é uma democracia que já possuía um certo hábito com essas pandemias: a Coreia do Sul. Ela decidira, em dezembro de 2008, antes mesmo de ser contaminada pelo vírus, tomar o que considerava as boas medidas: fabricar e distribuir máscaras, fabricar testes e realizá-los, e isolar todos os que se revelassem infectados assim como seus próximos. Máscaras, testes, rastreamento. Nada mais há a dizer.

A Coreia do Sul encontra-se assim extraordinariamente avançada em relação a tudo; faz dois anos, ela se prepara para enfrentar esse tipo de pandemia. Ela tira vantagem da rápida disponibilidade da nova sequência do genoma do coronavírus (informação compartilhada pela China em 12 de janeiro) para desenvolver os testes. O Centro Coreano de Controle e Prevenção de Doenças (KCDC), dirigido por um médico especialista em medicina preventiva, coordena todas as operações sanitárias. Um arsenal jurídico lhe dá assim plenos poderes, inclusive sobre a polícia e a justiça, para coletar as informações necessárias; a coleta deve permanecer anônima, com dois comunicados diários à imprensa; o centro está autorizado a isolar e rastrear qualquer pessoa infectada e seguir qualquer pessoa tendo mantido contato com essa nas duas semanas anteriores; e a exercer um acompanhamento telefônico duas vezes por dia, sem GPS, durante duas semanas de isolamento.

Sem confinar toda a população nem paralisar a economia. As escolas são as únicas instituições fechadas; os cursos são realizados online e pela televisão; dezenas de milhares de tablets digitais são distribuídos às crianças de famílias sem recursos para se conectar à internet.

Em 1º de fevereiro de 2020, o uso de máscara é generalizado. Os testes começam em 4 de fevereiro. Em 9 de março, quando o país prevê uma penúria de máscaras, o governo raciona sua distribuição: os sul-coreanos podem obter duas máscaras por semana nas farmácias; é "rigorosamente recomendada" sua utilização; o fato de não usar uma é muito mal visto. E uma vigilância bem estrita para o eventual retorno da pandemia é posta em prática, como a que ocorreu em 10 de maio, quando um jovem contaminou 54 pessoas numa noitada de visitas a várias boates noturnas, no momento em que o governo se preparava para reabrir as escolas. O sucesso foi enorme: somente 14.423 doentes e 301 mortos, em 3 de agosto. Num país de 52 milhões de habitantes. Três meses e meio mais tarde, o método sul-coreano continua sendo um dos mais eficazes. Embora o país seja regularmente confrontado com uma elevação no número de casos, a epidemia permanece controlada. Em 23 de novembro de 2020, o país registrou um total de 31.353 casos (números cotidianos maiores são registrados em uma boa quantidade de países) com um total de 510 mortes.

Como veremos, foi exatamente o contrário do que fez a China; como assinala em fim de abril, com ironia, Seon Kui Lee, uma das diretoras do KCDC: "A partir da experiência da China, nós pudemos estabelecer as medidas adequadas que poderiam ser postas em prática na Coreia do Sul. Não as mesmas, mas as mais adaptadas e as mais eficazes em nossas circunstâncias. Penso que o excelente trabalho da China nos permite saber antecipadamente como prevenir e conter o Covid-19".

Outros países se saíram tão bem quanto a Coreia do Sul.

Em Taiwan, a partir de 24 de janeiro, o governo assume o controle da produção e distribuição de máscaras N95; o uso de máscara se torna obrigatório nos transportes públicos e em todos os estabelecimentos públicos de inúmeras cidades. Uma distância de segurança é imposta (1 metro ao ar livre e 1,5 metro em ambientes fechados). O uso de máscara é generalizado em 7 de abril em todas as atividades comerciais (lojas e restaurantes). Como na Coreia do Sul, testes e rastreamentos são executados. Sem confinamento nem paralização da economia. Em 3 de agosto, o país conta apenas 475 casos e sete vítimas fatais. Em 23 de novembro, Taiwan registra um total de 618 casos desde o início da pandemia, ao passo que as mortes ainda não passam de sete.

Na Nova Zelândia, em 28 de fevereiro de 2020, a primeira-ministra informa que pretende "agir rápido e com vigor". Ela põe em prática um sistema de detecção maciça, com a criação de dezenas de laboratórios para esse propósito. Em 14 de março, todas as pessoas que chegam à ilha são colocadas em quarentena. Em 19 de março, todas as fronteiras são fechadas aos estrangeiros não residentes. Em 3 de agosto de 2020, o país registra 1.567 casos e 22 mortes. Em 23 de novembro, somente 2.031 casos e 25 óbitos.

A Islândia é outro caso interessante: a maioria das medidas (como rastreamento e distanciamento de dois metros) foi desenvolvida voluntariamente. Em função de seu baixo número de habitantes (360 mil), a Islândia pôde realizar rapidamente um programa de detecção consistente: em meados de abril, o país tinha testado mais de 10% de sua população, e quase 18% em meados de junho. Uma empresa de ponta de estudos genéticos das populações, a deCODE Genetics, cuja sede social se encontra na Islândia, propõe testes gratuitos, mesmo às pessoas que não apresentem sintomas. Não há um confinamento estrito, as fronteiras seguem abertas assim como os comércios e os restaurantes. Em 3 de agosto de 2020, registram-se 1.915 casos e 10 mortes. Em setembro e outubro, o país enfrenta uma nova alta de contaminações, com um pico de centenas de contaminações cotidianas. Mas o saldo continua muito bom e as contaminações são estancadas no início de novembro. Em 23 de novembro, a média cotidiana de novas contaminações semanais aumenta para 12. O total atinge 5.298 casos desde o começo da epidemia, com 26 mortes.

No Vietnã, que não é uma democracia, e onde o hábito de usar máscaras existe há muito tempo – a fim de se proteger contra a poluição atmosférica –, rapidamente foi executada a identificação dos doentes e daqueles com quem eles estiveram em contato, de modo a colocá-los em quarentena. Controles de temperatura foram iniciados espontaneamente em certas lojas. Marcas no solo foram feitas à entrada dos locais públicos. Não houve confinamento nem paralisação da economia. Em 15 de julho, 381 mortes e nenhuma vítima fatal. Em seguida, porém, novos focos são descobertos em final de julho. Em 3 de agosto de 2020, havia 652 casos e oito mortes. O país enfrenta em seguida alguns novos focos de contaminações, mas a situação permanece muito bem controlada, com um total de 1.316 casos e 35 mortes em 23 de novembro.

Em Israel, também, começaram a agir bem antes de o primeiro caso ser confirmado, em 21 de fevereiro; em 30 de janeiro de 2020, os voos provenientes da China foram proibidos; em 17 de fevereiro, os passageiros vindos dos países da Ásia mais atingidos são impedidos de entrar no território israelense. Em 10 de março, uma quarentena é imposta a todas as pessoas que chegam do exterior. Em meados de março, o governo anuncia a adoção de medidas digitais semelhantes àquelas empregadas na luta contra o terrorismo, tais como rastreamento de telefones portáteis. Testes aleatórios são efetuados dentro dos supermercados. A presença policial e militar é reforçada. Em 26 de abril, a Corte Suprema israelense ordena ao serviço de segurança interior Shin Bet que cesse de utilizar a vigilância telefônica na luta contra o coronavírus. Em 23 de junho, 21.512 casos e 308 óbitos tinham sido registrados. Entretanto, após esse primeiro sucesso, Israel encara um retorno acirrado da epidemia no final do mês de junho. Em 13 de julho, num único mês, o número de casos ativos aumenta 500%. Em 15 de julho de 2020, o país totaliza 44.714 casos e 380 mortes e, em 3 de agosto, 74.903 casos e 546 mortes. As contaminações se estabilizam num ritmo constante, oscilando entre mil e dois mil por dia, ao final do mês de julho e em agosto, antes de disparar no início de setembro. Em meados de setembro, o país é então obrigado a estabelecer um novo confinamento, menos severo do que o primeiro, a fim de atenuar ligeiramente os efeitos sobre a economia. Um recorde de contaminações é registrado em 23 de novembro, com 11.316 novos casos. Em 18 de outubro, o confinamento começa a ser afrouxado, após uma queda nítida de contaminações. Em novembro, a situação é novamente controlada, mas as contaminações diárias oscilam assim mesmo entre 500 e mil. No total, em 23 de novembro, o país registrou 330.495 casos e 2.818 falecimentos, desde o início da pandemia.

Eu poderia citar duas cidades-Estados exemplares, duas outras democracias (autoritárias) da Ásia: Singapura e Hong Kong. E o Butão, como sempre muito particular e muito eficaz. Em 23 de novembro, o país registrou apenas 386 casos, desde o começo da pandemia, e nenhuma morte a lamentar.

A única coisa que se pode repreender a esses países é não ter prevenido o resto do mundo, de não lhe ter aconselhado a seguir o mesmo caminho, em vez daquele da China, que mentiu a si mesma, antes de mentir para os outros.

Aqueles que fazem as más escolhas: o escândalo chinês

Na China, que se recusou a reagir até o final de janeiro de 2020, que se furtou ao debate aberto entre dirigentes (todos idosos) sobre o assunto, constata-se, na terceira semana de janeiro, que não se dispõe mais de meios para pôr em funcionamento a estratégia sul-coreana: faltam máscaras, testes e meios de rastreamento em todo o país. Para impedir uma explosão da pandemia, para não deixar as pessoas morrerem (em particular as da mesma geração de seus dirigentes) dessa pandemia sem lhes dar uma chance de sobrevivência igual (aparente ou simbolicamente), só resta tentar desacelerar bastante a contaminação para que o fluxo jamais ultrapasse a capacidade dos hospitais: ainda que os cuidados que podem dedicar sejam apenas por compaixão. É preciso então, a fim de manter a ficção de um direito igual ao acesso a cuidados disponíveis, mesmo os menos eficazes, limitar o contágio ao número de leitos de UTI à disposição. Dessa maneira, não se dá um outro valor à vida. Apenas um outro valor ao espetáculo da morte. E para isso, só resta uma opção: o confinamento.

Em 23 de janeiro de 2020, no exato momento em que a Coreia do Sul, Taiwan e outros países tomam um caminho diferente, mais eficiente, deixando a economia funcionar, a China comunista, sobrecarregada por ter reagido tarde demais, descobre então que ela não tem meios de fornecer máscaras e testes a toda a sua população. Ela decide então, em pânico, fechar o acesso a diversas cidades de Hubei, dentre elas as principais, Wuhan (11 milhões de habitantes) e Huaggang (7,5 milhões), de fechar as fábricas e impor o confinamento domiciliar. E para as raras saídas autorizadas daqueles que devem trabalhar, a tomada da temperatura é imposta, a lavagem das mãos, o uso de máscara, o controle dos deslocamentos; e como se teme assim mesmo não dispor de leitos de UTI suficientes, são construídos às pressas dois hospitais provisórios. Em 29 de janeiro, este confinamento é estendido ao resto de Hubei, e a outras províncias. Uma série de medidas de restrição dos deslocamentos, ou seja, confinamentos, é tomada. Com sucesso: 20 províncias não registram oficialmente caso algum de fevereiro a abril de 2020. Tudo volta a abrir, fora de Hubei. Em meados de abril, após uma nova alta do número de casos, Pequim volta a pôr em prática certas restrições, como o fechamento das academias de ginástica. Desde então, constata-se o surgimento de novos focos na província de Heilongjiang (nordeste), na de Cantão (sul) e em outras mais. O fechamento é retomado. O número de novos casos diários oficialmente declarados não ultrapassou mais a barra de 30, desde 22 de abril. Ele é mesmo inferior a 10, no início de maio. Oficialmente, em 3 de agosto de 2020, a China é apenas o vigésimo oitavo país mais afetado, com cerca de 88.065 casos (com 4.672 óbitos). A situação parece sob controle na China, e isso graças às campanhas de testagem intensivas, assim que um novo foco é detectado. Em meados de outubro, as autoridades testam os nove milhões de habitantes da cidade de Qingdao em cinco dias, após a descoberta de uma dúzia de casos. Ao final de outubro, são os 4,7 milhões de habitantes da cidade de Kashgar que são testados, após a verificação de vários casos confirmados.

Em 23 de novembro, o total atinge 92.291 casos, com 4.742 mortes desde o começo da pandemia. Esses números são certamente subestimados.

A China apresenta esses dados como sendo um sucesso, ao passo que se trata do resultado de uma sequência formidável de falhas, erros e mentiras. Inclusive, obviamente, sobre os dados divulgados.

O grande erro da Europa:
imitar a China e não a Coreia do Sul

Infelizmente, o destino quis que todos os outros países, ou quase, imitassem o modelo da ditadura chinesa, e não aquele da democracia sul-coreana.

Na Europa, em janeiro de 2020, alguns começam a compreender o que está acontecendo; a solução sul-coreana ainda é possível. Como também o era na China, no final de janeiro. Mas ela não é utilizada. A pandemia começa. Os poderes só se inquietam realmente no início de março, quando entendem que o número de doentes vai aumentar além das capacidades hospitalares de tratamento de urgência respiratória. Pânico! O que fazer?

Os epidemiologistas do Imperial College explicam então que, por falta de máscaras e de testes, haverá no mundo sete bilhões de infecções e 40 milhões de mortos em 2020. E que um confinamento extremamente severo poderia evitar 38,7 milhões de óbitos. A solução coreana não é sequer mencionada. Na França, um estudo (publicado em 22 de abril pela Escola de Altos Estudos em Saúde Pública – EHESP) mostra que, por falta de máscaras e testes, e sem confinamento, 670 mil pacientes deverão ser hospitalizados, dos quais 155 mil em estado grave, fazendo-se necessários 100 mil leitos de UTI. Quando a França só dispõe de 4 mil leitos de UTI. De qualquer maneira, esse estudo chega tarde demais para que a solução sul-coreana ainda seja possível.

A decisão acertada na Europa, até o fim de fevereiro ou ainda bem no início de março, foi se lançar na produção maciça de máscaras, testes e meios de acompanhar as relações sociais dos contaminados, como havia sido feito na Coreia do Sul. Toda a indústria do continente, têxtil, automotiva, mecânica, da moda, de luxo, da aviação, deveria ter sido mobilizada. Para tanto seria preciso se colocar no modo de economia de guerra. E não contar com a boa vontade de uns e de outros. E, em vez de mendigar depois, em vão, máscaras daqueles que as produziam na Ásia, elas deveriam ter sido produzidas na Europa. Testar todo mundo e confinar os casos positivos. Além disso, ter a certeza de que o vírus se transmite sobretudo em locais fechados.

Como isso não foi feito, em meados de março, a pandemia explode. O risco de a quantidade de doentes ultrapassar as capacidades hospitalares é cada vez maior. Pânico na Europa. Não resta então outra solução senão a de achatar a curva de doentes, e atrasar a pandemia. E para isso, confinar o máximo de pessoas em seus domicílios. Logo, paralisar a economia.

Como veremos mais adiante, o custo da produção, a tempo, de máscaras e testes equivaleria a dez milésimos do que vai custar a recessão provocada no mundo pelo confinamento.

Trata-se de um enorme escândalo pelo qual todos os governos deverão se responsabilizar. Ainda que seja um erro quase unanimemente compartilhado. Voltaremos a este ponto.

Pior ainda: por não ter sabido se mobilizar a fim de produzir essas máscaras e esses testes, por não ter ousado exigir que suas empresas os produzissem, por não ter rompido as resistências burocráticas e aquelas dos lobbies industriais, por não ter tido a coragem de admitir seus erros, algumas autoridades resolveram mentir, pretendendo que as máscaras eram inúteis, que os testes não eram adaptados, o que é falso. Um erro é perdoável. Uma mentira, não.

Seguindo o modelo chinês, sem perceber que este representa a mentira e o fracasso, esses governos ordenam então um confinamento, quando o uso de máscaras teria bastado. Eles pretendem ter quantidades suficientes porque racionam a utilização. Expulsam as crianças da escola e os assalariados do trabalho, quando os testes teriam tornado essas atividades livres de riscos. Eles esquecem os idosos em seus abrigos de acolhimento, ou em seus lares, nos subúrbios ou em aldeias longínquas, sem meios de diagnosticar nem de tratar aqueles que estão doentes, deixando-os morrer discretamente, sem testes, sem máscaras, sem aparelhos respiratórios.

Dessa forma, imitando a China, e sem considerar a opção sul-coreana, que teria sido ainda possível até os primeiros dias de março de 2020, a Europa nada mais pode fazer senão impor um confinamento estrito: na Itália em 10 de março, na Espanha em 15 de março, na França em 16 de março, na Bélgica no dia 18 do mesmo mês. É o que ocorre também nos Estados Unidos, e pelas mesmas razões: a Califórnia toma essa medida em 19 de março. Nova York, em 20 de março: no mesmo dia em que o Marrocos (que simultaneamente desenvolve meios para produzir máscaras e testes em grandes quantidades), que, por sua vez, declara o estado de urgência sanitária, fecha as fronteiras e impõe medidas de confinamento rigorosas, sob controle estrito das forças de ordem. Em 3 de agosto de 2020, são detectados oficialmente apenas 26.196 casos e 401 mortes, com 1,3 milhão de testes realizados dentro do reino. Entretanto, as contaminações continuam a aumentar e somente atingem um pico em 12 de novembro, com 6.195 novos casos em um só dia, antes de voltar a regredir. No total, em 23 de novembro de 2020 o país registra uma soma nacional de 327.528 casos e 5.396 mortes.

Na Espanha, em 29 de março, o confinamento é novamente intensificado, com a paralisação de todas as atividades econômicas não essenciais. Em 2 de abril, o patamar de 10 mil mortes é ultrapassado e o país se aproxima dia após dia da barra de mil mortos. No total, existem então 110.238 casos, mas o ritmo de progressão das contaminações começa a desacelerar. Em 2 de maio, quando a doença já matou mais de 25 mil pessoas, embora as contaminações tenham diminuído expressivamente, os espanhóis são enfim autorizados a sair de casa para passear.

Conscientizando-se progressivamente de seu imenso engano, sem querer admiti-lo, ao final de abril, esses países começam a se inclinar a uma estratégia sul-coreana; continuando assim mesmo, contra todas as evidências, a afirmar que ela não era útil antes. Raramente mentiu-se tanto para a opinião pública.

Em meados de abril, o Reino Unido realizou somente 120 mil testes por semana; a Itália e a Espanha cerca de 300 mil; a Alemanha 350 mil; na França, 160 mil testes serão efetuados entre 6 e 12 de abril de 2020 e 280 mil exames de detecção na última semana desse mesmo mês; o objetivo era realizar 700 mil testes por semana até o dia 11 de maio, porém tal patamar não foi atingido.

Quanto ao confinamento, este se estende para todo o mundo. Aí também, por falta de máscaras e de testes, são privados de trabalho e, portanto, de renda centenas de milhões de pessoas, depois bilhões de indivíduos. Em 18 de março, 500 milhões de pessoas estão confinadas. Em 21 de março, elas somam um bilhão. Em 24 de março, após o anúncio de confinamento na Índia, elas são 2,6 bilhões, ou seja, cerca de um terço da população mundial. Em 7 de abril, mais de 4,06 bilhões de pessoas, em aproximadamente 100 países ou territórios, são obrigadas ou aconselhadas a permanecerem em suas residências. No começo de maio, tem início um refluxo, mas há ainda mais de três bilhões de pessoas confinadas. Em 19 de maio, elas não são mais do que dois bilhões.

Em todo caso, oficialmente. Pois essas decisões sobre atividades essenciais tomadas sem debates parlamentares são aplicadas desigualmente. Em particular, nos lugares onde os confinamentos são mais difíceis, nos países e bairros mais pobres. Vários países realizaram o desconfinamento progressivo de suas populações, antes de retomarem os confinamentos localizados. Assim, em 16 de julho de 2020, cerca de 350 milhões de pessoas em todo o mundo são confinadas pela segunda vez, das quais 120 milhões no estado de Biar, na Índia, 39,5 milhões na Califórnia, 14 milhões na região de Buenos Aires, 10 milhões no Azerbaijão, 5 milhões na Irlanda, 4,9 milhões em Melbourne, 1,6 milhão em Antananarivo, 700 mil em Lisboa.

Encarar a morte com indiferença

Alguns países decidem, conscientemente, deixar o vírus correr solto até que uma proporção suficiente da população tenha desenvolvido anticorpos. É bem explicitamente o caso da Suécia e do Brasil. Um pouco menos evidente nos Estados Unidos. Movidos pela necessidade, o mesmo ocorreu em certos países africanos e em outras regiões. Nesses países, é explícita a opção de preferir o trabalho dos jovens à saúde dos idosos.

Na Suécia, onde a população vive de modo suficientemente disperso para que os riscos de contágio sejam, por natureza, reduzidos, as únicas medidas de restrição são a proibição de agrupamentos de mais de 50 pessoas, as visitas às clínicas de repouso para os idosos e aquela imposta aos serviços de bar dentro de cafés e restaurantes. Nenhum teste em massa. As máscaras não são obrigatórias. As escolas maternais e primárias ficam abertas. Quanto ao resto, apenas recomendações. Se as autoridades sanitárias suecas declararam em 15 de abril de 2020 que o pico foi alcançado, na realidade isso só aconteceu em 24 de junho. Apesar de um saldo humano superior àqueles de seus vizinhos escandinavos e das imensas pressões por parte de especialistas e cientistas, o governo manteve seu rumo. Em 3 de agosto, a Suécia, com seus 10 milhões de habitantes, registra um total de 81.012

casos e 5.744 falecimentos, e uma taxa de 569 mortes por um milhão de habitantes, um dos mais elevados no mundo. Quando o país enfrenta, ao final de outubro, uma segunda onda bem mais expressiva que a primeira, como o resto da Europa, o país acaba cedendo e põe em prática algumas restrições. As autoridades limitam o agrupamento a oito pessoas e pede aos habitantes que deixem de frequentar as academias de ginástica e as bibliotecas. A venda de bebida alcoólica é também proibida dentro dos bares, restaurantes e boates após as 22 horas. Em 19 de novembro, a Suécia registra ainda seu total mais elevado de contaminações em um único dia, com 7.631 casos. Em 23 de novembro, o total desde o começo da pandemia chega então a 225.560 casos e 6.500 mortes. O saldo é bem mais elevado do que em outros países escandinavos. A taxa de mortalidade por milhões de habitantes é então de 634. Em comparação, eles são 136 na Dinamarca, 69 na Finlândia e 57 na Noruega.

Nos Estados Unidos, um presidente obcecado pelas cotações em Wall Street se opõe aos membros da administração federal e dos governos estaduais, que querem impor o confinamento. Uma grande parte da população o apoia; os avós chegam a dizer que estão prontos a correr o risco de morrer, para que seus filhos e netos possam trabalhar. Manifestantes armados entram no Capitólio de Michigan na noite de 30 de abril de 2020 para exigir o fim do confinamento decidido pelo governador. Nenhuma voz menciona a tempo, nos Estados Unidos, a estratégia sul-coreana, que a grande potência americana teria todos os meios de pôr em prática, se fosse adotada no momento oportuno. Trump anuncia que o pico da epidemia foi ultrapassado em 16 de abril, quando esse refluxo é nitidamente menos visível que na Ásia e na Europa. Ao longo da segunda metade do mês de junho, a quantidade de novos casos dispara e, em 15 de julho de 2020, o país contabiliza 71.750 novas contaminações, enquanto o pico parece não ter sido ainda alcançado. Nessa data, há nos Estados Unidos 3,62 milhões de casos declarados, e 140.144 mortos, sendo um quarto em Nova York. Principalmente nos bairros pobres, onde as populações vivem amontoadas. Mais uma prova de que o vírus se transmite essencialmente em locais fechados. Em 3 de agosto, o país registra 48.622 novas contaminações, o total mais baixo desde 5 de julho, e tudo indica que o pico tenha enfim sido superado. Nessa data, o país conta um total de 4,86 milhões de casos recenseados, com 158.929 óbitos. Entretanto, as contaminações não ultrapassarão jamais a barra de 25 mil casos diários e, no final de setembro, elas voltam a aumentar. Em meados de novembro, as contaminações aumentam de novo e o país registra um recorde de 204.163 novos casos unicamente em 20 de novembro. O saldo total alcança mais de 12 milhões de casos e mais de 258 mil mortes. A taxa de mortalidade por milhão de habitantes chega a 1.762 no estado de Nova York e 1.903 em Nova Jersey. Em termos nacionais, a taxa em 23 de novembro de 2020 é de 778. Em novembro, enquanto as hospitalizações atingem novos recordes, o governo Trump ainda se recusa a pôr em prática um confinamento nacional. Ainda assim, os governadores dos estados acabam multiplicando as medidas para represar a propagação do vírus.

No Brasil, com seus 210 milhões de habitantes, alguns estados aplicam medidas de confinamento, para o grande desgosto do presidente Bolsonaro, para quem o bom andamento da economia brasileira é prioritário. Nem por isso ele aplica a estratégia sul-coreana. Em diversos estados do sudeste, do norte e do nordeste, as unidades de tratamento intensivo são imediatamente saturadas. Os estados do Amazonas (norte) e do Ceará (nordeste) se encontram em situações particularmente catastróficas. No primeiro, vivem inúmeras tribos indígenas, muito vulneráveis ao vírus. Em 16 de julho, o Amazonas (747 mortos por cada milhão de habitantes) registra cerca de 45% mais óbitos do que o estado de São Paulo (415 mortos por milhão de habitantes). Em 23 de junho, o Brasil registra oficialmente 1.145.906 casos e 52.645 mortos; em 15 de julho, o número de casos atinge 1.966.748, com um total de 75.366 falecimentos. É provável que esses números sejam de 15 a 20 vezes maiores. O Brasil se torna durante o verão europeu de 2020 (inverno no país) o epicentro da pandemia. Em 23 de novembro, o país registrou mais de 6,08 milhões de casos desde o início da pandemia, com mais de 169 mil mortes. O número de falecimentos por milhão de habitantes chega então a 797. As contaminações atingiram seu nível mais baixo no começo do mês de novembro, com uma média de 16.500 novos casos diários, mas parece em seguida voltar a subir.[1]

No México, no início da epidemia, o presidente Manuel López Obrador encoraja a população a amparar a

---

[1] Em 23 de junho de 2021, data em que este livro se encontra no prelo, o Brasil registrou um recorde de 115.228 novos casos de Covid-19 em 24 horas. [N.E.]

economia e assim prosseguir uma vida normal. O governo tarda a tomar medidas rigorosas e de impacto. Em 30 de março, enquanto o país registra oficialmente 993 casos de coronavírus, é decretado o estado de urgência sanitária, e as atividades não essenciais são suspensas. O governo decide instaurar uma estratégia que visa estender as contaminações no tempo, a fim de evitar a saturação do sistema de saúde, que só dispõe, no começo da epidemia, de 4.370 leitos de UTI para uma população de cerca de 130 milhões de habitantes. Por sinal, o país apresenta umas das taxas de obesidade, diabetes e hipertensão – três comorbidades importantes – mais elevadas do mundo. O confinamento é, contudo, apenas parcial no México, em função da excessiva dependência do setor informal e da fragilidade da rede de assistência social. Em 23 de maio, o desconfinamento, forçado por conta das consequências socioeconômicas, começa de modo progressivo, enquanto o número de casos confirmados continua aumentando. Em 19 de junho, quando é ultrapassada a barra de 20 mil mortes, a taxa de testes positivos do país supera os 50%, a taxa mais alta no mundo, atrás apenas da Bolívia. O aumento das capacidades de testes, no cerne da estratégia da maior parte dos países, ainda não é considerado, e o número de pessoas realmente afetadas pela doença é então totalmente desconhecido. Este poderia ser 10 vezes maior. O número de óbitos explode, e em 5 de julho de 2020 o país se torna o quinto país mais atingido pela doença em termos de falecimentos. Em 16 de julho, o país se torna oficialmente o quarto país mais enlutado no mundo, com cerca de 37 mil mortes; depois, em 30 de julho, o México se torna o terceiro país com mais vítimas fatais da Covid-19, ultrapassando os 46 mil mortos. No entanto, o governo continua com sua estratégia inicial, embora cada vez mais criticado, e efetua somente 10 mil testes diários. Em 2 de agosto, o México conta oficialmente 430.046 casos, com 47.746 mortes (386 por milhões de habitantes) e um número de novos casos diários que continua aumentando, além de uma taxa de testes positivos à beira de 70%. A epidemia é então amplamente subestimada. Em 23 de novembro, mais de um milhão de casos foram registrados desde o início da pandemia, e em 13 de novembro, mais de 70% dos testes eram ainda positivos. Da mesma forma, já houve mais de 100 mil mortos no país, ou seja, 790 óbitos por milhão de habitantes, a nona taxa mais alta no mundo.

Ao contrário desses países, a Argentina estabeleceu um dos confinamentos mais precoces e estritos do planeta, e também um dos mais longos. Preocupada com os países fronteiriços, entre os quais o Brasil, mas também com os países europeus, particularmente a Itália e a Espanha, a Argentina reagiu bem rapidamente, antes de pôr em vigor uma alternância de fases estritas e fases brandas, sem nunca interromper completamente o confinamento no âmbito nacional. O fechamento das fronteiras é anunciado em 15 de março de 2020, quando o país registra somente 56 casos. Em 16 de março, todos os estabelecimentos escolares são fechados. Em 19 de março, quando o país conta apenas 128 casos de coronavírus, é decretado um confinamento nacional para o dia seguinte. No começo do mês de junho, as medidas de confinamento são progressivamente afrouxadas no conjunto do país e o confinamento se encerra num certo número de províncias, então poupadas pelo vírus. A Grande Buenos Aires segue confinada, com alguns abrandamentos, pois a área que reúne um terço da população do país representa mais de dois terços dos casos em escala nacional. Em decorrência desse afrouxamento, a situação se degrada de modo acelerado, com uma duplicação do número de casos a cada duas semanas. Em 1º de junho, o país ainda registra apenas cerca de 17 mil casos, mas eles são 34 mil em 16 de junho e mais de 67 mil em 1º de julho. O presidente anuncia um endurecimento das medidas de confinamento em Buenos Aires a partir de 1º de julho até 17 de julho. Essas medidas permitem desacelerar a duplicação de casos – três semanas – no âmbito nacional, ainda que, ao final de julho, o número de casos registrados cotidianamente continue aumentando. As medidas são finalmente mais uma vez afrouxadas a partir de 20 de julho, com a reabertura dos comércios locais. Em 31 de julho, o presidente anuncia que Buenos Aires e sua periferia permanecerão confinadas pelo menos até 16 de agosto, sem que desta vez as medidas sejam reforçadas. Em 2 de agosto, Buenos Aires está confinada há 135 dias. Em 3 de agosto, a Argentina registrou, desde o início da epidemia, um total de 206.743 casos (o vigésimo total mais elevado em termos internacionais) com 3.813 mortes. Considerando o tamanho da população, a Argentina se sai muito melhor do que a maioria dos países da América do Sul, à exceção do Paraguai e do Uruguai. Em 2 de agosto, o país confirmou um total de 4.232 casos por milhão de habitantes, contra 4.888 no Equador, 6.017 na Colômbia, 6.750 na Bolívia, 12.739 no Brasil,

12.804 no Peru e 18.708 no Chile. O Uruguai (368) e o Paraguai (769) se saíram muito melhor. O número de óbitos é também bem mais baixo, com 79 vítimas fatais por milhão de habitantes, contra 203 na Colômbia, 262 na Bolívia, 325 no Equador, 440 no Brasil, 499 no Chile e 589 no Peru. Aí também, o Paraguai (7) e o Uruguai (10) tiveram melhores resultados. No entanto, diferente dos países da Europa, por exemplo, que são afetados por ondas sucessivas e bastante curtas, a Argentina parece só ter enfrentado, por ora, uma única onda, bem longa, durante a qual os casos não pararam de aumentar entre o começo de março e o pico, alcançado em 21 de outubro. Depois dessa data, as contaminações retrocederam, mas em 23 de novembro, o país registrou ainda 4.265 novos casos e cerca de 1.374.000 no total, desde o início da pandemia. Em função dessa longa onda, os falecimentos aumentaram bastante durante os meses de agosto, setembro, outubro e novembro. O número de mortes subiu para 37.122 em 23 de novembro, 818 por milhão de habitantes, a sexta taxa mais elevada no mundo e agora a segunda na América Latina, atrás do Peru, onde a mortalidade atinge 1.079 falecimentos por milhão de habitantes. A taxa de mortalidade cresceu bastante no conjunto dos países da América do Sul no mesmo período. Esta é de 795 por milhão de habitantes no Brasil (oitava mais alta),[2] 788 no Chile (10ª), 763 na Bolívia (12ª), ou ainda 748 no

---

[2] O Brasil continua a ocupar a oitava posição, mas o número de mortes por milhão no país, em junho de 2021, é de 2.347. [N.E.]

Equador (13ª). Enquanto isso, a mortalidade atinge 232 por milhão de habitantes no Paraguai e 20 no Uruguai.

Na África, a população mais jovem do planeta (60% têm menos de 25 anos) parece por ora relativamente poupada: ela já esteve em contato com numerosos vírus e talvez carregue em si muitos anticorpos; finalmente, os africanos, em particular na África Central, têm uma grande experiência da pandemia por causa do ebola, que os levou a realizar testes sistemáticos.

Mas se a pandemia continuar a acelerar no ritmo atual, a África terá dificuldades para resistir: pouquíssimas máscaras, testes e respiradores disponíveis. Em certos países, há apenas cinco respiradores para 20 milhões de habitantes! O confinamento, que havia sido inicialmente imposto em toda parte, revelou-se muito complicado nas favelas superpovoadas, onde vivem três quarto dos habitantes das cidades: na África do Sul, mais de 70 mil soldados tiveram que ser mobilizados para que o confinamento fosse respeitado. Na Nigéria, em meados de abril de 2020, 18 pessoas teriam sido mortas por descumprirem o confinamento.

As medidas de confinamento foram retiradas progressivamente, no decorrer dos meses de maio e junho, em determinados países como Nigéria, Camarões, Costa do Marfim, Gana e África do Sul, de maneira a impedir um aumento excessivo da fome e da pobreza. Quando as medidas de confinamento foram afrouxadas, a pandemia acelerou, mesmo que com números bem mais baixos do que em outros continentes. Em 24 de maio, registravam-se 113.348 casos em todo o continente. Em 15 de junho, o total atingia cerca de 250 mil casos, 325 mil em 23 de junho e 664 mil em 15 de julho de 2020 e mais de 968 mil em 3 de agosto, testemunhando uma intensificação da circulação da enfermidade na África, provavelmente subestimada por conta da grande fragilidade dos diagnósticos. Em 23 de novembro, a África registrou um total de 2,08 milhões de contaminações desde o começo da pandemia, com cerca de 50 mil mortes. O número de óbitos por milhão de habitantes aumenta assim para 37. Há um grande contraste das situações através do continente. A África do Sul registrou mais de 769 mil casos (cerca de 21 mil falecimentos), o Marrocos, mais de 327 mil (cerca de 5.400 mortes), o Egito mais de 113 mil (aproximadamente 6.500 mortes), a Etiópia mais de 106 mil (mais de 1.600 óbitos). Ao contrário, a República Centro-Africana contou somente 4.911 casos, o Chade 1.648 e o Níger apenas 1.381. As detecções são ainda bem fracas na maioria dos países.

Acrescenta-se a esse quadro o risco de aumento no número de outras doenças endêmicas, devido à interrupção da distribuição de equipamentos e materiais médicos: mais de 260 milhões de pessoas são contaminadas pela malária (cerca de um milhão de pessoas morrem por causa dessa infecção a cada ano) e a OMS prevê um aumento até o final do ano de 2020 de 11% dos casos, e de pelo menos 43% do número de vítimas fatais dessa doença.

Paralelamente, a maioria das campanhas de vacinação foi interrompida: a Unicef estima que a importação de vacinas, por parte da África assim como da Ásia, teve queda de 70-80% desde março, principalmente por causa da paralisação de diversas companhias aéreas. Doenças como o sarampo, a febre amarela e também a tuberculose voltaram a disparar, o que já é o caso no Congo, afetado por uma gravíssima epidemia de sarampo.

A batalha para os profissionais de saúde, as máscaras e os testes

Por trás desse caos, desenrola-se uma formidável batalha planetária, na qual cada um tenta dispor do maior número de profissionais, equipamentos, respiradores, máscaras e testes. Infelizmente, a produção global é bem insuficiente.

É preciso de início dispor de profissionais da medicina: uma parte importante daqueles que atuam nos países do Norte vem dos países do Sul. Cerca de 70 mil enfermeiras deixaram as Filipinas de 2008 a 2012. Elas representam 4% das 150 mil enfermeiras dos Estados Unidos. Outras se encontram na Arábia Saudita, no Japão e na Espanha. A carência segue sendo considerável: médicos, enfermeiros, auxiliares de enfermagem, engenheiros biomédicos... E nessas profissões não se pode improvisar. Os únicos recrutamentos possíveis se fazem por meio de transferência de profissionais vindos de outros serviços para os serviços de terapia intensiva. Isso compromete o tratamento de outras patologias.

Quanto ao material, a situação é ainda pior: seria preciso que o mundo dispusesse a cada dia, teoricamente, de 10 bilhões de máscaras, 100 milhões de testes, 10 milhões de respiradores. E um número equivalente de produtos necessários à reanimação. Isso está bem distante da quantidade produzida no mundo em janeiro de 2020. E mesmo em maio desse mesmo ano. Alguns países produzem um bocado, mas guardam tudo para si. Outros exportam um pouco a preços muito altos. Alguns tentam produzi-los, para consumo doméstico e exportação.

Os maiores produtores de respiradores se encontram nos Estados Unidos (Becton, Dickinson, Medtronic, GE Healthcare), nos Países Baixos (Philips) e na Alemanha (Dräger). Desde o mês de março de 2020, várias outras empresas tentam produzi-los. Na França, a Air Liquide. Nos Estados Unidos é a General Mortos, com a ajuda da Ventec Life Systems. Mas isso é ainda muito insuficiente, sobretudo com a aceleração da pandemia na Índia, na América Latina e na África. Ainda quanto a isso, uma tal pandemia nos países emergentes condena à morte uma grande quantidade de pessoas que teria sido salva na Europa ou na Coreia do Sul.

A demanda de curare, um dos principais relaxantes musculares utilizados na intubação de pacientes, foi multiplicada por vinte entre dezembro de 2019 e março de 2020. Os principais produtores mundiais, a americana Merck Sharp and Dohme (MSD) e a sul-africana Aspen, não são suficientes. Em toda parte, buscam soluções. A falta desse produto será fatal para muitos, quando a epidemia alcançar os grandes países do hemisfério sul.

Quanto aos testes de detecção (da infecção e de seu fim), centenas de empresas, desde janeiro, como se sabe, começaram a pesquisar. Mas o número produzido é muito insatisfatório. Da mesma forma, para os rastreamentos, em que inúmeros aplicativos são testados, sem ser, por ora, convincentes ou legais.

No que diz respeito às máscaras, a situação é a mesma. A China, que produzia 20 milhões de unidades por dia em fevereiro de 2020, produziu 200 milhões em abril, com suas sete mil empresas. Isso representa aproximadamente a metade da produção mundial de máscaras. E é demasiadamente insuficiente para o mercado chinês sozinho; do mesmo modo, as exportações de máscaras chinesas são muito limitadas, e as empresas chinesas exigem que os clientes paguem à vista, no momento em que as encomendam, ao passo que antes se contentavam com um adiantamento de 30%.

A política se mete no assunto: a China envia máscaras, com toda a publicidade necessária para ser bem vista pelas populações, exigindo em troca um apoio ou outro em negociações internacionais, ou pelo menos, para não ser responsabilizada pela pandemia.

A Coreia do Sul, por sua vez, que exportava máscaras até fevereiro de 2020, interrompeu suas exportações em 5 de março, a fim de satisfazer suas necessidades internas. Exceções: no início de maio, o governo sul-coreano anuncia a distribuição de um milhão de máscaras aos veteranos de 22 países que participaram, direta ou indiretamente, do conflito coreano, e a seus cidadãos que vivem no exterior. E informa que poderá excepcionalmente autorizar a exportação de máscaras para fins humanitários, aos países que lhe fizerem um pedido oficial.

O Vietnã faz concorrência aos fornecedores chineses, reorientando sua gigantesca unidade industrial para a produção de máscaras. Ele segue sendo, contudo, um ator de pouca importância, visto que produz somente 13 milhões por dia (números de meados de maio de 2020).

A capacidade nacional de produção diária atinge 40 milhões no início de julho.

O Marrocos, que não as produzia em janeiro, produz dez milhões em maio, após o Ministério da Indústria ter requisitado a participação das usinas têxteis. Atualmente, uma parte é exportada para a Europa.

Na França, exceto pelas várias iniciativas individuais, de importância marginal, nenhuma requisição das unidades industriais para produzir em massa foi feita em dezembro, nem em janeiro, fevereiro, março, abril e maio. Nem máscaras nem testes. Embora o país possuísse todos os meios para produzi-las, em grandes quantidades. Trágico erro. Que vem se juntar àquele cometido ao não se atualizarem os estoques constituídos dez anos antes.

Os países ou cidades que não produzem máscaras se enfrentam para obtê-las; e se humilham para conseguir: a cidade de Berlim se queixa de um sequestro por parte dos americanos de uma encomenda feita na China, e fala de um ato de "pirataria moderna". Regiões e cidades francesas acusam intermediários americanos de aumentar os preços de suas encomendas, violando todos os contratos.

Sinal de uma postura em que é cada um por si, que será encontrada em todas as dimensões da crise econômica e social decorrente desse tsunami sanitário.

Um refluxo... provisório?

Qual é a eficácia de tudo isso? Para avaliá-la, é necessário acompanhar a evolução dos números básicos de reprodução (R0), que indica quantas pessoas em média são infectadas por um indivíduo contaminado: se for superior a 1, a epidemia vai progredir; se for inferior a 1, os doentes contaminam menos pessoas e a epidemia regride. Isso também pode ser estimado acompanhando o número de pessoas admitidas nas unidades de terapia intensiva, o número de mortes diárias e o número de novos casos diários, ainda que este dado deva ser tomado com precaução, pois ele está estreitamente ligado à evolução do número de testes efetuados de um dia para outro.

Nos países que adotaram o modelo sul-coreano, não houve explosão da pandemia e assiste-se a um recuo: na Coreia do Sul, o número de novos casos diários não ultrapassou 20, entre 18 de abril e 9 de maio de 2020. Desde 18 de abril, o país não registrou mais do que três mortes associadas ao coronavírus por dia. Embora tenhamos observado algumas imprudências e depois a importação de novos casos, os focos são rapidamente identificados e controlados, e a tão temida segunda onda por ora não ocorreu.

Em outros países, que seguiram o modelo chinês, assiste-se, desde o começo de abril, a um refluxo incerto, por vezes enganador:

Em 12 de março de 2020, a comissão nacional de saúde chinesa indica que o pico da epidemia passou, o que é falso. Na Itália, a quantidade de pessoas em UTIs atingiu um pico em 3 de abril (4.068 pessoas, segundo o órgão de proteção civil italiano), e desde então não parou de diminuir. O país anuncia oficialmente ter alcançado seu pico epidêmico em 21 de março.

Na França, o confinamento permitiu que o R0 passasse de 3,5 a menos de 0,6. O número de novos casos está em forte baixa desde 1º de abril de 2020; a curva do total de casos encontra-se em nítida inflexão desde 15 de abril; a porcentagem diária de aumento do número total de casos mostra forte diminuição desde início de abril (o tempo de duplicação do número total de casos passou progressivamente de três a 14 dias, de 31 de março a 13 de abril, depois estacionou em 20-30 dias, em abril). O número de novos falecimentos nos hospitais encontra-se em firme baixa desde 8 de abril; a curva de mortes nos hospitais acumuladas está em clara inflexão desde meados de abril. O número de admissões em UTIs passou de 700 por dia no começo da epidemia a 200 em meados de abril. Em 19 de maio de 2020, contam-se somente 104 óbitos suplementares, 20 em 15 de julho e 23 no dia 3 de agosto. Menos de dois mil doentes estão em tratamento intensivo em 19 de maio, e 482 em 15 de julho e 384 em 3 de agosto, quando se temia que ultrapassassem 4.500, o que corresponde ao número de leitos de terapia intensiva disponíveis no início da crise. De toda maneira, em meados de julho, os indicadores epidemiológicos testemunham uma ligeira reaceleração da Covid-19 na França, com uma taxa de reprodução de 1,05 e um aumento dos novos casos que supera a capacidade de detecção.

Na Espanha, enquanto as novas contaminações permanecem baixíssimas durante o mês de junho e no começo de julho, elas disparam de maneira significativa a partir da segunda metade do mês de julho, e um novo salto se esboça a partir da última semana do mês de julho. Em 4 de julho, um reconfinamento é decretado para cerca de 200 mil pessoas na cidade de Lérida, na Catalunha, assim como em sua periferia, pelas autoridades regionais. Em 5 de julho, quatorze municípios da Galícia, que reúnem 70 mil habitantes, são igualmente reconfinados. Em 13 de julho, a justiça espanhola proíbe a Catalunha de confinar sua população, antes que essa decisão seja anulada em 15 de julho. Em 17 de julho, diante de um aumento inquietante dos casos, as autoridades catalãs pedem aos habitantes de Barcelona que fiquem em casa, enquanto medidas parciais de confinamento são instauradas. Em 31 de julho, quando o saldo cotidiano nacional supera os três mil casos pela primeira vez desde 11 de maio (primeiro dia de confinamento), a Espanha já registrou em média mais de dois mil novos casos diários nos sete últimos dias. A Catalunha registra um total de mais de cinco mil casos, por sua vez, no decorrer dos últimos sete dias. Mas o salto se acentua igualmente na região de Madri e também em Aragón com respectivamente 2.074 e 2.884 novos casos confirmados ao longo dos sete últimos dias. No momento em que uma segunda onda é temida na Espanha, o país já é um dos mais enlutados do mundo com, em 1º de agosto, 608 mortes por milhão de habitantes, um nível só ultrapassado pelo Reino Unido e pela Bélgica. Em 2 de agosto, o país registra um total de 335.602 casos desde o começo da epidemia, com 28.445 falecimentos. No final do verão, uma segunda onda de contaminações, bem mais expressiva que a primeira, tem início no conjunto dos países europeus, que são obrigados a colocar em prática novos confinamentos, contudo, menos severos que os primeiros. Em 30 de outubro, quando a França registra mais de 49 mil novas contaminações, o país volta a se confinar. Os comércios não essenciais e os estabelecimentos que acolhem o público são novamente fechados, mas as escolas primárias ficam abertas e um número maior de pessoas continua a trabalhar, como na construção civil por exemplo. O pico das contaminações é atingido em 7 de novembro, com 88.790 novos casos. A França é seguida pelos seus vizinhos na instauração de novas medidas de confinamento, porém menos estritas. A partir de 2 de novembro, a Alemanha fecha bares e restaurantes, cinemas, exposições comerciais, teatros e academias de ginástica. Outros países, que tinham administrado bem a primeira onda da epidemia são duramente afetados durante essa segunda onda. A República Tcheca entra em confinamento a partir de 22 de outubro e lança um pedido de ajuda internacional em 30 de outubro, enquanto seu sistema de saúde enfrenta uma situação gravíssima. Nesse país, a mortalidade acumulada associada à Covid-19, que alcançava 30 mortes por milhão de habitantes ao final de maio, atinge 672 mortes por milhão de habitantes em 23 de novembro. Ao passo que a extensão de mortalidade da segunda onda ainda não se revelou completamente na Europa, as taxas de mortalidade por milhão de habitantes aumentaram com força. Em 23 de novembro, esse índice alcança mais de 1.350 na Bélgica, 1.267 em San Marino, 983 em Andorra, 922 na Espanha, 824 na Itália, 806 no Reino Unido e 746 na França. A Alemanha (168), a Grécia (156), a Finlândia (76) e a Islândia (67) se saem bem melhor.

3

UMA ECONOMIA MUNDIAL
EM ESTADO DE SUSPENSÃO

PARA O TSUNAMI SANITÁRIO, nós conhecemos, portanto, as soluções: uma vacina e um remédio; e, enquanto esperamos, a fim de não mais confinar a população em massa, usar máscaras, fazer testes, rastrear e confinar aqueles que devem ser confinados.

Para o tsunami econômico, as soluções ainda não conhecemos bem, pois se trata de uma crise de gênero muito novo; uma crise *autodecidida*. Uma crise física e não financeira. Uma crise de amplitude incomensurável, cuja extrema gravidade e múltiplas facetas poucas pessoas já compreenderam.

Diante de um evento totalmente desconhecido, de uma magnitude inimaginável, os dirigentes, em geral, começa ram por não admitir sua realidade. Depois, eles negaram sua gravidade. Em seguida, eles colocaram o mundo num estado de pausa, esperando que a pandemia passasse sozinha. E se esforçando para obter de volta a situação anterior.

Isso não será o bastante: se não prepararmos ao mesmo tempo as mudanças radicais que esta crise exige, isso só fará manter a realidade em estado de suspensão por um instante. Antes de um grande mergulho. Um imenso mergulho.

Estupefação: isso não é nada

De início, durante as primeiras semanas de 2020, mesmo por vários meses, os mais importantes dirigentes do mundo, em diversos países, não quiseram acreditar na existência de uma grave pandemia: não passava de uma gripe sazonal; portanto, estava fora de questão prejudicar a economia para frear seu avanço.

Tudo começou na China, ao final de fevereiro de 2020: em Wuhan (11 milhões de habitantes) e em Huanggang (7,5 milhões), os fabricantes de peças para automóveis e seus fornecedores, as fábricas de semicondutores e suas empresas químicas e metalúrgicas, que deveriam retomar o trabalho ao final das comemorações do Ano Novo lunar, permaneceram misteriosamente fechadas. Em inúmeras outras cidades da China, essas paralizações se prolongaram, sem a menor explicação, até 9 de fevereiro, especialmente em Chongqing, onde é produzido um quarto dos computadores portáteis do mundo. Nas províncias de Zheijiang, de Jiangsu e de Guangdong, o conjunto de usinas fica também paralisado até 9 de fevereiro. As produções consideradas "essenciais" são mantidas, assim como aquelas de certas empresas estratégicas; Huawei pode assim prosseguir sua atividade nas fábricas de Dongguan, em Guangdong, enquanto a maior parte das indústrias dessa província segue fechada. Em fevereiro, a taxa de desemprego atinge o patamar recorde de 6,2%. Ninguém se preocupa. Em março, as fábricas chinesas retomam o trabalho. No final de fevereiro, previsões apontam para uma queda do PIB chinês da ordem de 6,8% no primeiro trimestre, em comparação ao ano precedente. Mas ninguém sabe disso.

Em outras partes do mundo, acredita-se ainda que tudo isso é somente um problema localizado, que os chineses logo conseguirão resolver e que não se faz necessária mudança alguma nas previsões econômicas mundiais.

No ocidente, contudo, alguns já dizem que a paralisação, mesmo sendo breve e circunscrita, da produção industrial chinesa é em si um fenômeno econômico gravíssimo, pois é ao mesmo tempo uma crise da oferta (com a paralisação da produção), e uma crise da demanda (pela redução das receitas chinesas). Ninguém lhes dá ouvido. Eu estava entre eles. E acrescentam que a pandemia é provavelmente muito grave, que a China não conseguirá contê-la rapidamente e que é preciso observar como a Coreia do Sul e Taiwan se preparam para ela.

Negação: a economia da solidão

A Coreia do Sul, Taiwan e o Vietnã, além de alguns outros países, que por sua vez controlam muito melhor a pandemia, não fecham nenhuma fábrica e não freiam sua produção, senão para levar em consideração a desaceleração da demanda externa e devido a sua impossibilidade de obter de outros países componentes de que necessitam para sua própria produção.

Em outros lugares, ou seja, na China, Europa, Estados Unidos e logo em inúmeros países do mundo, a estratégia de confinamento generalizado exige que sejam proibidas as aglomerações de trabalhadores e consumidores. Esses países deixam então trabalhar apenas aqueles que são essenciais para o funcionamento da sociedade: agentes de segurança, agentes de manutenção das estradas, empresas de transporte, funcionários de mercearias, agricultura, abatedouros, fábricas de conservas, setor de pesca, energia, higiene, fornecimento de água, firmas de telecomunicações, digitais, logísticas de distribuição de encomendas e, numa velocidade mais reduzida, os transportes e as obras públicas. Podem também permanecer abertas as empresas que trabalham com pouca mão de obra, como os artesãos. Esses empregos ocupam, conforme o país, entre 30% e 40% dos trabalhadores. Nossos agradecimentos a eles nunca serão suficientes.

Fecham outras fábricas, oficinas, canteiros de obras, lojas; fecham também escolas, universidades, restaurantes, cabeleireiros, bares, hotéis, galerias de arte, cinemas, teatros, salas de concerto, estádios, salas de conferência, as companhias aéreas, cruzeiros marítimos e academias esportivas. Todos os que trabalham nesses setores ou outros a eles associados são levados ao desemprego. Alguns comércios fecham igualmente por falta de clientes, como os postos de gasolina. Outros são obrigados a fechar, quando poderiam ter continuado abertos, como as livrarias.

Passam a trabalhar em casa todos aqueles cujas profissões podem ser exercidas à distância. Estes são mais numerosos do que se imaginava: profissionais dos setores público e privado; empregados do setor de serviços; dirigentes políticos locais e nacionais; e, em grande parte, os professores. O teletrabalho é bastante utilizado há muito tempo nos

Estados Unidos, onde 30% dos americanos que dispõem de um diploma de ensino superior trabalham ocasionalmente em suas residências, e nos países nórdicos, sobretudo na Dinamarca, onde é comum efetuar dois dias por semana de trabalho em casa, onde um assalariado é avaliado mais pelos seus resultados do que pela sua presença e número de horas trabalhadas, o que permite a muito mais mulheres do que em quaisquer outros países trabalhar. Já trabalham em suas casas e poderão fazê-lo ainda mais aqueles que atuam nas mídias, telemarketing e o conjunto de atores do entretenimento, exceto a produção de novos conteúdos. Eles representam, conforme o país, entre 20% e 40% dos trabalhadores. Quanto mais rico é um país, mais importante é a faixa desse tipo de teletrabalho. E não surpreende que seja nos Estados Unidos que essa proporção é a mais elevada. Naturalmente, a possibilidade de dispor de recursos para esse tipo de trabalho é correlacionada à classe social.

Esse sistema fez o sucesso de determinadas empresas. Por exemplo, a Zoom, firma californiana de videoconferência, cujo número de utilizadores foi multiplicado por 30, de dezembro 2019 a abril 2020.

Na França, durante o confinamento, 25% dos trabalhadores se deslocam todos os dias, ou quase, até seus empregos; 4% alternam entre teletrabalho e atividade presencial, 20% praticam o teletrabalho em tempo integral e 45% cessaram totalmente suas atividades, protegidos por algum tempo pelo seguro de desemprego parcial, ao passo que 6% estão em desemprego parcial apenas uma parte do tempo. Na região parisiense, 41% das pessoas ativas trabalham a partir de suas casas, contra somente 11% na Normandia.

No total, agindo dessa forma, interrompe-se a economia de massa; uma sociedade da solidão se instala, uma sociedade em que um bocado de gente se encontra voluntariamente encarcerada; uma sociedade em que os jovens são obrigados a não trabalhar para que os idosos, que não trabalham, sobrevivam. Uma sociedade de *decrescimento* na solidão, cujas consequências sociais, econômicas, culturais, políticas e ecológicas são e serão gigantescas.

O grande mergulho

Quase mais ninguém compra roupas, carros. Mais ninguém compra passagens de avião nem reserva quartos de hotel. Por falta de meios de transporte, a produção de inúmeros bens, entre os quais alguns elementos provenientes de vários países, é interrompida.

Assistimos a um desmoronamento imediato, tanto da produção quanto do consumo. E antes de tudo, do consumo de energia: em abril e, depois, em maio de 2020, o consumo mundial de petróleo é um terço inferior ao do ano precedente. Ele cai 20% na China, 30% nos Estados Unidos e 70% na Índia.

Nos países que escolheram a estratégia do não confinamento, a produção global não cai tanto, ainda que as exportações sul-coreanas registrem uma queda, principalmente para os aparelhos eletrônicos e os produtos petroquímicos, provocando uma ligeira queda de seu PIB.

Na Europa, é outra história: o PIB da União Europeia encolhe 3,5% durante o primeiro trimestre de 2020. Entre os países mais afetados: a França (-5,8%), a Espanha

(-5,2%) e a Itália (-4,7%). No segundo trimestre de 2020, a situação é por vezes pior: a economia americana poderia recuar 32,9% em base anualizada, ou seja, um declínio anual de 12%, nas piores previsões.

Em março, as instituições internacionais se conscientizam do que está acontecendo e reveem para baixo suas previsões, mas seguem bastante otimistas: a OMC prevê então que o comércio mundial cairá 10% em 2020, enquanto esse número será sem dúvida duas vezes maior. O FMI prevê uma queda do PIB global de 4,4%, enquanto esta será de pelo menos 7%, senão for de 20% para determinados países.[3]

Em base anual, a queda será vertiginosa: -5,4% para a Alemanha, -9,5% para a França, -9,8% para a Grécia e pior ainda para a Espanha (-11,1%) e a Itália (-10,5%). E se trata ainda de previsões otimistas da OCDE.

É uma crise imensa: mesmo se a pandemia cessasse no verão de 2020 (inverno no Brasil), trata-se de uma crise de magnitude bem diferente daquela de 2008, e até mesmo da que ocorreu em 1929, durante a qual a queda da produção se fez em quatro anos; desta vez, ela se fez em três meses.

As consequências sobre o emprego são em toda parte brutais, inimagináveis.

Mais de um terço dos empregos no mundo está ameaçado, principalmente os de menor qualificação e aqueles das classes médias. Entre os setores mais atingidos: a indústria automobilística – que é o maior empregador industrial nos Estados Unidos e na Europa, ou seja, entre 5% e 15% dos

---

[3] A OCDE confirmou, por fim, uma queda de 3,5% do PIB global em 2020. [N.E.]

empregos privados –, a hotelaria e os restaurantes, o espetáculo e os divertimentos, e o comércio. Os assalariados de empresas com menos de dez pessoas e os jovens (seja por serem menos qualificados, seja porque chegam ao mercado de trabalho no pior momento) são os que correm maiores riscos. As classes médias são particularmente afetadas.

Na China, os 250 milhões de trabalhadores imigrantes, que representam 25% da força de trabalho, estão especialmente ameaçados pelo desemprego. Nos Estados Unidos, 13 milhões de trabalhadores foram licenciados em março de 2020; 20,5 milhões de empregos desapareceram no mês de abril. A taxa de desemprego, que era de 3,5% ao final de 2019, alcança 13% no final de março de 2020, 14,7% ao final de abril e, apesar das melhoras inesperadas em maio (13,3%) e em junho (11,1%), deveria ser superior a 10% até o final de 2020. Na França, 450 mil empregos foram destruídos no primeiro trimestre. A taxa de desemprego poderia voltar a subir para 11% no final do ano, e alcançar 11,5% em meados de 2021, apesar de todas as medidas de proteção social. Na Europa, 60 milhões de empregos estão ameaçados, ou seja, um emprego em cada quatro. São dados absolutamente gigantescos. Difíceis até de imaginar.

No total, segundo a OIT, a gestão catastrófica da epidemia vai destruir 200 milhões de empregos e reduzir a renda de pelo menos dois bilhões de pessoas.

Em particular, as classes médias, varridas pelo teletrabalho, que as torna com frequência menos úteis, vão perder amplamente sua razão de existir.

A partir de março de 2020, três quartos dos americanos perdem uma parte de suas rendas; um terço dos americanos tem dificuldade para pagar suas contas ao final do mês de maio de 2020. Menos da metade dos americanos tem poupança suficiente para se manter além do mês de maio. E o cheque de U$ 1.200 oferecido uma única vez pelo governo federal é gasto a partir de março. Cerca de um milhão de europeus caem na extrema pobreza. Na Itália, o confinamento e o fechamento das escolas elevam a quantidade de crianças em situação de precariedade a 700 mil. No Reino Unido, ao longo das duas primeiras semanas de abril, cerca de um milhão de adultos recorreu ao crédito universal,[4] ou seja, dez vezes mais do que no período anterior à crise. A taxa de pobreza mundial vai aumentar com força em 2020, ao passo que a tendência era de baixa constante desde 2014.

Uma consequência, entre outras, dessa situação: em todo o mundo, as consultas médicas se espaçam; milhões de tomografias, colonoscopias e ressonâncias são canceladas. Fatos que levam a prever inúmeros óbitos prematuros nos próximos meses por causas distintas da pandemia.

Um grande número de empresas está ameaçado de falência, não só por falta de clientes, mas de liquidez e capital para se manter; as primeiras serão aquelas do setor de turismo, companhias aéreas, operadoras de cruzeiros marítimos, hotéis, restaurantes, indústrias têxteis e acro náuticas, cosméticas e de luxo. Além de várias outras.

---

[4] Prestação única de assistência social introduzida em 2013 no Reino Unido, reunindo os seis auxílios anteriores (habitação, vida familiar, prêmio de atividade, auxílios escolar, desemprego e precariedade). [N.T.]

No sentido inverso, alguns setores e produtos lucram com a crise e empregam: os de remédios, equipamentos médicos, produtos de higiene, produtos alimentares básicos, distribuição física, logística, mídias audiovisuais, entretenimento online, comércio online, conferências online, sites de encontro, aplicativos para reuniões remotas, conserto de equipamentos domésticos, objetos de segunda mão. E alguns outros, como o da indústria de altíssimo luxo.

O mundo emergente, mais do que nunca esquecido

Os países mais pobres são impactados de modo particular. Primeiramente, a alimentação básica de suas cidades está ameaçada. Em função do confinamento, os agricultores africanos não têm autorização para trabalhar no campo; os meios de transporte são paralisados; a produção agrícola diminui; as importações não podem substituir os produtos locais, pois os grandes exportadores agrícolas (como a Rússia, a Índia, o Vietnã ou a Tailândia) reduzem suas exportações. A Organização para Alimentação e Agricultura da ONU prevê que o número de africanos com desnutrição poderia triplicar em 2020 em comparação a 2019, ultrapassando 200 milhões de indivíduos. A situação é especialmente preocupante na África Oriental, onde os distúrbios das cadeias de abastecimento provocados pela Covid-19 se juntam àqueles causados pela invasão de gafanhotos e pelas inundações.

Nesses países emergentes, o desemprego afeta principalmente as pessoas que não têm qualquer proteção social: na Índia, dois terços dos trabalhadores não têm contrato, apenas 19% dos 470 milhões de trabalhadores têm cobertura de algum tipo de proteção social; a taxa de desemprego neste país passa, em três meses, de 8% a 26%; mais de 140 milhões de trabalhadores imigrantes perderam seus empregos e estão ameaçados de cair na extrema pobreza, obrigando o governo a retirar as restrições em início de junho de 2020, quando a epidemia ainda está longe de ser controlada.

Em Bangladesh, a renda média dos habitantes mais pobres, nas favelas e nas zonas rurais, cai em mais de 80% entre fevereiro e maio; e a proporção da população que vive sob a linha da pobreza poderia duplicar, passando de 20% a 40%; os 85% da população que trabalham no setor informal serão particularmente afetados (dados oficiais do governo).

Na África, a metade dos empregos está ameaçada pela crise.

Por sinal, as remessas dos trabalhadores africanos instalados no exterior para seus países de origem (que representavam até 16% do PIB do Lesoto, 10% do PIB do Senegal e 6% daquele da Nigéria) vão diminuir 30% no Senegal e 50% na Nigéria.

No total, o nível de vida médio dos africanos vai baixar em pelo menos 5% em 2020, depois de anos de crescimento muito fraco ou mesmo decrescimento.

A situação não é melhor em outras regiões do mundo emergente: o Brasil, cuja economia ainda não se recuperou da recessão histórica de 2015 e 2016, corre o risco de ver seu PIB se reduzir em 9% neste ano de 2020;[5] o nível de

---

[5] A queda do PIB brasileiro em 2020 foi de 4,1%, segundo o IBGE. [N.E.]

desemprego poderá passar de 11% a 24%; os 30 milhões de trabalhadores informais serão particularmente atingidos. Enquanto isso, a devastação da floresta amazônica prossegue, atingindo um novo recorde ao longo dos quatro primeiros meses do ano: 1.202 quilômetros quadrados de floresta desaparecem desde o começo de janeiro até o final de abril de 2020,[6] um aumento de 55% em relação ao mesmo período do ano anterior.

O FMI prevê uma contração do PIB mexicano de 9% em 2020. São previsões bem otimistas. Em 2019, o México já estava em recessão, com uma contração anual de 0,3%. No primeiro trimestre de 2020, o PIB se contraiu 2,2% e, depois, 17,3% (em relação ao primeiro) no segundo trimestre de 2020. Trata-se do quinto recuo trimestral consecutivo para o PIB mexicano. Ao longo dos dois primeiros trimestres de 2020, mais de 12 milhões de empregos (formais e informais) foram destruídos. Segundo o conselho nacional para a avaliação da política de desenvolvimento social, 55% dos trabalhadores não ganharam dinheiro suficiente em maio para se assegurar uma alimentação básica. Segundo a ONU, seis milhões de pessoas poderiam cair na extrema pobreza, e estima-se que cerca de 12 milhões de mexicanos poderiam sair da classe média. Num momento em que a Argentina está oficialmente atrasada no pagamento de sua dívida desde 22 de maio e que as negociações para reestruturar 66 bilhões de dólares de seu débito (num

---

[6] A floresta amazônica perdeu 8.058 km² de área verde entre janeiro e dezembro de 2020, segundo levantamento do Sistema de Alerta de Desmatamento do Imazon. [N.E.]

total de 324 bilhões) seguem seu curso, a terceira maior economia da América do Sul deverá registrar uma recessão importante. O país se encontra em recessão desde 2018, e 40% dos argentinos já vivem abaixo da linha de pobreza.

Procrastinação: dinheiro para sobreviver na solidão

Aterrorizados por esse desemprego, pela proletarização de uma enorme parte das classes médias que isso provoca e pelas dificuldades de financiamento de suas empresas, os bancos centrais dos Estados não hesitam (em países que têm reservas ou cujas divisas são moedas de reserva) em amparar seus cidadãos, seus bancos e suas empresas através de créditos e de subvenções de um total nunca antes alcançado.

De início, sem uma consulta prévia verdadeira, os bancos centrais rivalizam em generosidade, seguindo o exemplo do banco central do Japão, que financia há muito tempo sem limite os bancos e o Estado.

O banco central chinês desbloqueia fundos consideráveis desde o início de fevereiro de 2020 e reduz suas taxas de juros. O banco central da Coreia do Sul lança ao mesmo tempo um plano de ajuda às pequenas e médias empresas e reduz sua taxa de referência.

Desde o final de março de 2020, nos Estados Unidos, o FED compra ativos que chegam a 90 bilhões por dia, isto é, mais do que ele comprava a cada mês, durante a crise precedente; em 9 de abril, ele anuncia um programa de 2,3 trilhões de compras. O banco da Inglaterra financia diretamente, pela primeira vez, o orçamento do Reino.

O Banco Central Europeu lança uma onda de compras de títulos sem limite algum, reforçado todos os meses por decisões ainda mais audaciosas e por compras de títulos cada vez mais arriscados.

No ritmo atual, o balanço contábil dos três principais bancos centrais (Japão, Estados Unidos e Europa) passará assim de 14,6 trilhões de dólares em 2019 para mais de 20 trilhões ao final de 2020. O resultado do FED, sozinho, vai triplicar em 2020, atingindo 10 trilhões ao final deste ano. O Banco Central Europeu (BCE) detém atualmente 20% das dívidas públicas da zona do euro, e logo serão 25%. E mesmo mais de 30% da dívida pública alemã. Números vertiginosos. Por sinal, criticados pela Corte Constitucional alemã.

Diferente dos bancos, as companhias de seguro têm pouco colaborado, pois elas não cobrem as perdas de receitas relacionadas à pandemia, mas somente o cancelamento de eventos e o risco de crédito que diversas empresas vão enfrentar por causa da recessão.

Por sinal, os Estados aplicam somas consideráveis, sob forma de subvenções e de créditos, às famílias e às empresas. O Japão anuncia um plano da ordem de 20% do PIB, dos quais 7% em despesas públicas diretas. A União Europeia, por sua vez, começa colocando 400 bilhões; ela poderia tomar emprestado mais tarde 1,5 trilhões, garantidos pelo orçamento nacional. A França e a Alemanha concordaram em 19 de maio com um mínimo de 500 bilhões de euros financiados pelo orçamento europeu. Poucos países vão tão longe quanto a França, que assegura a liquidez de quase a totalidade das empresas através de empréstimos; que paga, pelo orçamento do Estado, os salários dos empregados do setor privado confinados, sob forma de auxílio desemprego parcial; que remunera seus artistas privados de trabalho; e que proíbe a expulsão dos locatários por falta de pagamento de aluguel.

Em 26 de março 2020, após uma reunião virtual, os líderes do G20 constatam que os orçamentos nacionais injetaram um total de 5 trilhões de dólares na economia mundial. No mesmo momento, o FMI estima que 2,8 trilhões de dólares suplementares serão disponibilizados como garantia. No conjunto, em três meses, cerca de 10 trilhões de dólares, ou seja, aproximadamente 10% do PIB global, são então aplicados nessa batalha.

Consequentemente, os déficits dos Estados ultrapassarão 10% do PIB em diversos países, dentre eles a França, a Espanha e a Itália. E pode mesmo chegar a 20% nos Estados Unidos.

Outro erro de alguns desses governos tomados pelo pânico: em vez de incentivar as pessoas a se reinventarem, eles as instalam na ideia confortável de que basta esperar que tudo volte ao normal. E até mesmo, em certos casos, para alguns, colocando-as na situação de passageiros clandestinos de uma assistência inesperada: nos Estados Unidos, alguns trabalhadores vão ganhar mais quando estiverem desempregados do que quando empregados, pelo menos até 31 de julho de 2020. E na França, eles serão cobertos por mais tempo ainda.

Contentar-se com isso seria tragicamente suicida, porque os auxílios públicos terão logo alcançado um limite e porque só aqueles que se adaptarem ao mundo novo sairão ganhando. E aqueles que aguardam o retorno do mesmo estão apenas se iludindo.

A ilusão da espera

Tudo isso provoca evidentemente um crescimento alucinado das dívidas públicas:

No ritmo atual, nos Estados Unidos, o nível de endividamento público de 1946 (106%) poderia ser ultrapassado em 2023. O do Japão já supera os 220% e poderia atingir 240%, em 2021. A dívida italiana deveria passar de 135% para 155% antes do final de 2020. A dívida francesa deveria aumentar em 17 pontos até 115% no fim de 2020, nível jamais registrado. Mesmo na Alemanha, tão rigorosa, a dívida pública passará de 59,8% a 68,7%. Em média, a dívida pública da OCDE vai ultrapassar 120% do PIB em 2021. A da zona do euro deveria, no melhor dos casos, atingir 112% em 2022, contra os 84% registrados em 2019.

No total, a dívida pública global aumentará para 101,5% do PIB em 2020, contra os 83,3% em 2019; e a dívida mundial, pública e privada, chegará ao final de 2020 aos 300%.[7]

E no entanto, ninguém parece se inquietar. E muitos pensam mesmo que isso pode continuar um bom tempo desse jeito.

---

[7] A relação entre a dívida pública e o PIB mundial subiu para 355% em 2020, segundo informe, de 17 de fevereiro de 2021, do Instituto de Finanças Internacionais (IIF), um aumento de 35% em relação a 2019. [N.E.]

Para começar, dizem eles, devido ao fato de a dívida pública não estar assim tão elevada como poderia se acreditar: pois comparar a dívida pública ao PIB do país é tão absurdo quanto comparar a dívida de uma prefeitura ao total das rendas de todos os habitantes da cidade – enquanto seria preciso compará-la com o orçamento da cidade unicamente; seria necessário também saber se ela serviu para investir ou apenas pagar as despesas correntes, considerar sua capacidade de reembolso, identificar os tomadores de empréstimos e comparar o serviço da dívida às receitas do Estado. Se este critério for utilizado, a dívida pública representa 20% das despesas públicas na França, e o encargo da dívida não passa de 2% do PIB, ou seja, 5% das receitas do Estado, Se usarmos este critério, a dívida pública representa 20% do gasto público na França, e o peso da dívida representa apenas 2% do PIB, ou cerca de 5% da receita do Estado, o que é muito menos do que a parcela da renda pessoal de uma família que um banqueiro está disposto a autorizá-la a desembolsar para pagar seus empréstimos.

Além disso, mesmo se, segundo este critério, a dívida se tornasse muito elevada, é de qualquer maneira impossível imaginar que se possa reduzi-la significativamente dentro de um prazo previsível: seria preciso para tanto utilizar um dos quatro meios possíveis que a História nos ensina: o reembolso por parte dos tomadores de empréstimos, a espoliação dos credores, a guerra ou o crescimento. Ora, nenhum desses meios é sustentável ou possível.

O reembolso, voluntário ou forçado, por parte dos tomadores de empréstimos (quer dizer, os contribuintes) implica em mais impostos e menos despesas públicas, ou seja, uma "austeridade" que apenas tornaria o serviço (da dívida) mais difícil. A espoliação dos credores pelo cancelamento das dívidas públicas seria igualmente absurda, haja vista que essas dívidas estão, quase em toda parte, amplamente nas mãos dos poupadores nacionais. A guerra ou outra catástrofe, para se fazer aceitar a alta dos impostos, é evidentemente e da mesma forma pouco recomendável, e provoca antes uma alta das dívidas públicas. Por fim, o crescimento, que, mesmo acompanhado de inflação, seria a melhor solução, demandaria muito mais do que um dilúvio de empréstimos e subvenções: uma ação transformadora, que ninguém pensa pôr em prática neste momento, e que será abordada mais adiante.

Assim, como nenhuma dessas soluções é possível, e já que os dirigentes políticos não se importaram em encontrar uma outra, eles remetem a responsabilidade dessas dívidas aos bancos centrais, destinados a se encarregar de tudo. E, de fato, é exatamente isso que eles fazem, financiando cada vez mais abertamente os Estados, os bancos e as empresas. E isso pode continuar assim ainda por muito tempo: a inflação não é provável por conta do desmoronamento dos preços das matérias-primas e do desemprego, que pressiona os salários. Acontece que: no contexto, a dívida pública é sustentável, desde que a taxa de crescimento nominal, levando em conta a inflação, seja superior à taxa de juros. Ora, já não há crescimento... Enfim, um banco central quase nunca vai à falência, mesmo com fundos próprios negativos, como foi o caso durante vários anos para o Banco Central do Chile. Mas ainda é preciso que ele disponha de reservas de câmbio ou de matérias-primas (como o Chile tem o cobre) para garantir sua moeda.

Um bocado de políticos gosta então de pensar que não existe problema para o qual uma ausência de solução acabe por resolver. E que basta deixar os bancos centrais financiar eternamente a ajuda às empresas e às famílias. Sem fazer qualquer reforma. Continuando como era antes. Esperando que a crise se resolva por si só.

O impasse da procrastinação

Esta crise não se resolverá sozinha. Ainda que numerosas iniciativas econômicas e sociais inovadoras sejam tomadas pelas empresas ou governos, ainda que incontáveis associações permitam aos mais desfavorecidos sobreviver, o modelo de uma economia da solidão não é viável: para financiar assim a economia, seriam necessárias somas incessantemente mais elevadas, vindas dos orçamentos e dos bancos; a dívida pública aumentaria a cada ano, e mesmo os bancos centrais mais respeitados acabariam por perder sua credibilidade.

Ademais, a economia da solidão conduz ao agravamento dos distúrbios psiquiátricos, da violência, da fome e muitas outras doenças que ninguém mais controla. Isso não levaria os solitários a compensar seu isolamento com uma ânsia de consumo, como muitos esperam.

Se continuarmos assim, num momento ainda indefinível, haverá uma crise financeira de amplidão infinita, que varrerá primeiramente as pequenas empresas, depois certas grandes empresas sem clientes, que os financiadores e os Estados não poderão conter à força. Nenhum Estado poderá nacionalizar todas as suas empresas.

Haverá de se agravar também a precariedade daqueles que não estão protegidos por nenhum estatuto e que dependem, para viver, de seus clientes ou empregadores. O desemprego, a falência pessoal, a perda de moradia e mesmo a fome afetarão a todos no mundo, mesmo na Europa, inúmeras famílias, incluindo as de classe média, das quais a maioria não está absolutamente consciente das ameaças que a espreita.

Por ora, esses riscos ainda estão camuflados. Preparando para fazer os mais frágeis, os mais pobres pagarem a conta; e as classes médias, que poderiam cair na miséria.

Quando eles se derem conta de que uma sociedade da solidão não é durável, do ponto de vista econômico, social ou psicológico, aqueles que sofrerão irão se vingar daqueles que os levaram a essa armadilha.

Pulsão de vida: sair da solidão
sem remédio nem vacina

Como sempre ocorre após a estupefação, a negação e a procrastinação, os seres humanos desejarão derrubar tudo aquilo que os impediu de aproveitar os raros momentos que passam neste planeta.

Afinal de contas, muitos dizem, trata-se de uma doença que só é grave para os aposentados. Então por que paralisaram a economia por causa deles? Por que não reviver? Por que mergulhar na miséria sem reagir? Mesmo se arriscando a levar à morte algumas pessoas idosas um pouco antes da hora.

A partir do mês de abril de 2020, em todo o mundo, muitas pessoas confinadas começam a compreender que o confinamento não é uma solução duradoura. Mesmo que ainda saibam que este poderia ter sido evitado, se fosse seguido o exemplo da Coreia do Sul e de alguns outros países.

Alguns adivinham então que não se pode deixar a economia ir para o buraco desse jeito, que tampouco é possível financiar eternamente aqueles que foram proibidos de trabalhar; que os governos e os bancos não podem nacionalizar a economia dos países por muito tempo. Que deixar alguns tomarem o hábito de receber sem fazer nada, sem que eles procurem ou que mesmo lhes ajudem a encontrar soluções para criar, produzir, vender é suicídio. E que isso os levará a morrer de fome, quando os Estados e os bancos centrais estiverem falidos. Esses começam a entender também que, se nada for feito, a pós-crise favorecerá o modo de vida dos ricos e tornará mais custoso o do povo, que compõe a multidão, e dos quais os ricos gostam de se distinguir: os deslocamentos em transportes públicos levarão mais tempo; as viagens turísticas serão mais caras, as praias públicas terão acesso mais difícil; a alimentação sadia será mais cara.

Então, todos eles desejarão voltar ao mundo de antes. Para viver, eles acreditam.

Ilusão: isso só os levará de volta a tudo aquilo que deu luz a esta economia da morte.

4

A POLÍTICA, PARA A VIDA, PARA A MORTE

QUANDO O POLÍTICO NÃO CONSEGUE MAIS garantir o bem-estar de seus cidadãos, quando ele não sabe mais como lhes garantir um nível de vida, nem prometer um para seus filhos e, sobretudo, quando ele não sabe mais como evitar a morte, dar-lhe um sentido, nem mesmo fazer com que ela seja esquecida, a sociedade que ele administra, a cultura da qual ele é fiador, se encontram em gravíssimo perigo.

E mesmo se, num dado momento, cada um acredita que o pesadelo se afasta, mesmo se a pandemia terminar, como creio ter mostrado nos capítulos anteriores, a menor fagulha pode provocar um terrível incêndio. E, em toda parte vemos fagulhas hoje em dia: em todos os países, as violências que germinavam antes da crise atual descobrem novos pretextos, novas razões, boas razões para se manifestarem.

Se não tomarmos cuidado, se não forem mobilizadas todas as forças da inteligência e da resistência, nada de bom sairá disso. As democracias serão varridas. A cooperação internacional será reduzida ao nada. A guerra voltará a ser possível.

Entretanto, não se trata de um cenário inevitável. Dispomos de todos os meios para lidar da melhor maneira possível com essa passagem difícil, de extrair o melhor dessas mutações. Desde que, primeiramente, as compreendamos, para além de suas dimensões sanitária, econômica e social. Detectar tudo o que nasce de positivo nestes momentos tão particulares; na economia, como na política, e mais geralmente na sociedade e na cultura. Se soubermos captar isso, começaremos a entender que uma nova vida pode ser possível.

O papel essencial do político:
proteger contra a morte

A política vai mal, e não desempenha seu papel. Vimos desfazerem-se os ritos funerários, tão essenciais para todos desde milênios, pois asseguram o vínculo de cada um com aqueles que lhe são mais queridos, e que dá sentido à vida e à transmissão. Vimos proliferarem todas as tramas conspiratórias e todos os insultos. Alternadamente, disseram e escreveram que a pandemia era uma conspiração dos chineses, americanos, franceses, russos, franco-maçons, judeus, muçulmanos, banqueiros, indústria farmacêutica... Bispos franceses chegaram mesmo a explicar que ela não passava de um pretexto para desaparecer com a liberdade religiosa. Já vimos explicarem que os estrangeiros, quaisquer que sejam, devem ser combatidos. E mais geralmente, expulsamos tudo aquilo que vem de outro lugar. Vimos se agravarem as violências familiares, os atos pedófilos e, de um modo mais abrangente, as agressões contra os fracos; descobrimos que a sociedade da solidão deixa as vítimas domésticas desprotegidas contra seus algozes. Vimos crescerem a pobreza e as desigualdades, em particular na escola, onde aqueles que não dispõem de amparo familiar, condições materiais corretas e melhores técnicas digitais terão perdido vários meses de ensino, um atraso imensamente irrecuperável.

Muitos dirigentes políticos tampouco se conscientizaram de que, com esta pandemia, inicia-se uma gravíssima crise política, social, moral e ideológica, mais ainda do que econômica. Verdade, alguns foram honestos e trabalhadores; não economizaram esforços; tentaram manter o leme e unir o país atrás deles. Por vezes, se arriscando a serem contaminados. Frequentemente mais por fanfarrice do que por dedicação. Entretanto, em sua maioria, eles tomaram más decisões. Agiram tarde demais. Sem se preparar, para ter tempo de agir. Sem visão do conjunto. Sem procurar no exterior aquela que seria a melhor estratégia.

Os povos, por sua vez, começam a compreender que aqueles que os dirigem não fizeram o que era necessário, no momento em que era preciso, para protegê-los; que esses assim chamados "estadistas" ficaram por muito tempo perplexos diante das decisões a tomar; que foram incapazes de prever e se munir de meios para escolher a boa política; que são fracos demais, hesitantes demais, submissos demais às influências deletérias e considerações da politicagem; que quase todos fizeram a escolha errada, seguindo a estratégia chinesa, no lugar da sul-coreana; que muitos deles mentiram ao povo; que eles lhes impuseram restrições que poderiam ter sido evitadas.

E esta é uma das melhores notícias neste período sombrio: mais do que nunca, em todo canto do mundo, os cidadãos se conscientizam de que isso não pode mais durar, que não se pode, sob o pretexto da pandemia, permitir que os deixem resvalar para uma sociedade totalitária e mais injusta do que nunca; que o processo de designação dos dirigentes e de escolhas políticas está completamente ultrapassado. Sua cólera ruge contra aqueles que não souberam lhe falar da morte.

Porque, por trás da busca de segurança, trata-se exatamente, como sempre, do medo da morte, que é a fonte derradeira do poder; e isso ocorre em particular em relação aos ritos funerários, que não puderam ser mantidos, que derrete e solapa, profundamente, as relações dos cidadãos com a política.

Então, ainda que, desde o início desta crise, a relação com a morte não tenha emergido à superfície do debate político, é seu questionamento, a meu ver, que explica a perda de credibilidade do político em incontáveis países. E é isso que explica por que muita gente, cada vez mais, tenta reconquistar o controle de sua morte. Para refundar aquilo que pode ser uma boa vida.

Recusar a troca da segurança pela servidão

Os oponentes às democracias liberais descobriram, nessa gestão pouco elogiável da crise, a suposta prova da incapacidade de essa forma de governo enfrentar os riscos, dar um sentido a longo prazo, proteger os povos. Eles logo explicaram que a segurança era um valor supremo, que era preciso, a fim de garanti-la, renunciar à primazia das liberdades e dos direitos individuais; que era preciso combater essa ameaça permanente que representariam, segundo eles, fronteiras demasiadamente abertas e mercados demasiadamente interdependentes; e que era preciso até abandonar essas formas obsoletas que são os partidos políticos e os representantes eleitos.

Extraem argumentos do sucesso daqueles que souberam, em nome da segurança, impor, sem falhas, medidas extremamente dirigistas e utilizar tecnologias de acompanhamento e rastreamento; eles aplaudiram essa formidável aceleração da hipervigilância e da autovigilância, cuja inevitabilidade eu anuncio já faz um bom tempo.

Eles observam que os países mais eficazes só tiveram êxito ao delegar todo o poder às autoridades fortes; mesmo a Coreia do Sul, nação no entanto democrática, abandonou, conforme vimos, nas mãos de uma autoridade independente, a KCDC, todo o poder policial e judiciário na gestão desta crise.

Eles observam com júbilo que os governos que tiveram mais êxito são aqueles que souberam organizar a proteção autônoma de pequenas nações: Coreia do Sul, Taiwan, Hong Kong, Butão, Áustria, Grécia, Marrocos e até a Nova Zelândia, que proclama que suas fronteiras não serão abertas "antes de muito tempo". Eles denunciam, em particular, o que chamam de a falência das instituições europeias e destacam que não são os especialistas nem as instituições estabelecidas que detêm "a verdade".

De fato, em toda parte do mundo, nunca se viram tantos especialistas mais ou menos autoproclamados expor proposições tão peremptórias e tão contraditórias. Nunca se viu tamanho recuo do estado de direito. O acompanhamento sanitário, tornado necessário pela epidemia, é um pretexto para os poderes fazerem todas as perguntas e exigir todas as respostas.

O Partido Comunista chinês, arma absoluta de uma ditadura que parecia mal ter começado a afrouxar sua repressão, vigia a opinião pública ainda mais estreitamente que antes. Desde dezembro de 2019, a rede social WeChat é particularmente monitorada, para detectar "dissidentes" e perseguir aqueles que teriam compartilhado informações ou dado uma opinião crítica sobre a gestão da epidemia; assim, mais de 450 pessoas desapareceram após ter transmitido informações sobre o estado sanitário do país. As autoridades do partido comunista recebem agora uma formação online extremamente sofisticada, cujos conteúdos estão disponíveis a toda a população e que visa reforçar o papel do partido no controle de todas as dimensões da vida privada de cada cidadão. O Estado está mais presente do que nunca na economia; com o slogan *"Guojin Mingtui"*, que pode ser traduzido literalmente por: "O Estado vai em frente, o povo se retrai". Isso significa em particular que as empresas públicas vão ser favorecidas, por taxas de juros mais baixas, energia elétrica menos cara e encomendas públicas para fabricar o que a crise torna necessário, especificamente, máscaras e testes que, mesmo na China, são cruelmente escassos.

Nas Filipinas, o Congresso cedeu ao presidente Duterte poderes para o estado de urgência, autorizando a condenação severa de toda pessoa suspeita de desrespeitar a quarentena ou difundir informações falsas, tais como definidas pelo presidente. No Camboja, o estado de urgência adotado em abril restringe consideravelmente os direitos dos cidadãos e permite ao governo controlar as redes sociais, censurar informações e interceptar todas as conversas privadas. Na Tailândia, o primeiro-ministro se conferiu o direito de impor toques de recolher e processar aqueles que o criticam nas mídias. Em Israel, o primeiro-ministro deu ordem aos serviços de inteligência de rastrear os deslocamentos dos cidadãos com a ajuda de uma ferramenta de tratamento de dados desenvolvida para lutar contra o terrorismo, e condenar a até seis meses de cadeia aqueles que não respeitarem as medidas de isolamento. Na Hungria, o prolongamento do estado de urgência com prazo indeterminado permitiu ao governo suspender algumas leis, ou introduzir novas por meio de decreto sem consulta ao Parlamento; a liberdade de imprensa é questionada por uma lei prometendo até cinco anos de prisão para jornalistas que divulguem "fake news", assim designadas pelo governo. Mesmo na França, como em outros países democráticos, onde a liberdade de imprensa não é ameaçada, e onde o essencial das liberdades públicas ainda é respeitado, várias decisões extremamente autoritárias são tomadas sem praticamente nenhum debate parlamentar: fechamento das fronteiras, vigilância digital do estado de saúde, divulgação do histórico médico, autorizações de saída, limitações de distâncias a percorrer, proibição de encontrar a família, proibição de comparecer a funerais.

Em todo lugar, algumas dessas decisões são destinadas a ser provisórias e, provavelmente, elas não o serão.

As principais vítimas dessas crispações são as mulheres e as crianças, por conta de uma alta das denúncias de violências domésticas, do questionamento sobre os meios de contracepção, do aumento das mutilações genitais, da recrudescência do trabalho infantil, da discussão sobre a liberdade de imprensa, do direito à educação, do direito ao acesso a um tribunal e a uma audiência pública.

Isso se traduz também por uma maior indiferença em relação às catástrofes ecológicas, no momento em que a Ásia entra na temporada dos ciclones: desde janeiro de 2020, a Indonésia é vítima de inundações maciças das quais ninguém fala. Enquanto no Sri Lanka 500 mil pessoas sofrem com a seca, um ciclone chamado Harold destruiu, no dia 6 de abril, em meio à indiferença geral, 80% a 90% das moradias, 60% das escolas da província de Sanma, em Vanuatu, onde se encontra Luganville. Resultado, mais da metade da população do país necessitou de alojamentos com urgência.

Além disso, a pandemia complica bastante o exercício dos procedimentos fundadores da legitimidade democrática e das instituições representativas. Em particular, ela torna dificílima a realização de uma campanha eleitoral, de uma eleição, de uma reunião parlamentar com quórum completo. Uma ditadura dispensa tudo isso.

Pelo menos 60 países ou territórios já adiaram as eleições nacionais, regionais ou locais, e também referendos, devido à Covid-19. Antes do final de 2020 estão ainda previstas eleições presidenciais ou legislativas principalmente na Costa do Marfim, Guiné, Egito, Burkina Faso, Gana, República Centro-Africana, Etiópia, Islândia, Romênia e Croácia.

Alguns regimes autoritários tentam ignorar isso: na Polônia, o poder tentou impor uma eleição presidencial por correspondência, à qual se opuseram os carteiros: a eleição é finalmente adiada para 28 de junho, o primeiro turno, e o segundo foi realizado em 12 de julho.

Uma crise geopolítica: nem a China nem a América

Durante esta pandemia, assim como durante todas as outras que a precederam, as fronteiras são fechadas às pessoas mais do que às mercadorias. E como a produção e a demanda desabam, o comércio mundial de mercadorias desacelera. Os setores que dispõem de cadeias de valor complexas (como o eletrônico ou automobilístico) deverão ser os mais afetados.

Ainda por cima, a batalha feroz para obter remédios, máscaras, testes, respiradores, que nos fizeram terrivelmente falta nesta crise, traz consequências.

Irão se multiplicar os embargos sobre as exportações de tecnologias e de mercadorias estratégicas. Cada um buscará proteger a propriedade de suas empresas, repatriar produções; cada um será encorajado a encontrar soluções locais, materiais ou componentes de substituição, para não depender de outros países.

E não unicamente em relação à China: por exemplo, a administração norte-americana, tendo notado que o primeiro fabricante global de chips eletrônicos, a TSMC (Taiwan Semiconductor Manufacturing Company), que é também uma das três únicas empresas no mundo capazes de produzir os semicondutores mais rápidos, exigiu a instalação de uma fábrica nos Estados Unidos, e obteve sucesso: em 15 de maio de 2020, a TSMC anunciou a abertura de uma unidade no Arizona, cujo custo estimado é de 12 bilhões de dólares.

A soberania será vista como uma das maiores dimensões da defesa da vida: se somos soberanos é porque estamos vivos. Se somos dependentes dos outros, é porque estamos correndo o risco de morrer por causa dos erros deles.

Não é a primeira vez que isso acontece. A cada vez que um importante protecionismo se instalou, às vezes como consequência de uma pandemia, isso sempre provocou, num momento ou outro, uma guerra. Cada vez mais mortífera. Em geral, com a supressão da nação dominante. Foi o caso, após uma pandemia, de Atenas no século V de nossa era, de Roma no século VI de nossa era, do mundo feudal no século XIV, de Gênova e Florença no século XVII, de Amsterdã no final do XVIII e da Grã-Bretanha no início do século XX.

Hoje em dia, muitos pensam que esta crise conduzirá ao fim da supremacia dos Estados Unidos, e sua substituição pela China como nação dominante.

Eu não creio. Penso, ao contrário, que ela vai acelerar uma evolução na qual os Estados Unidos e a China ficarão ambos enfraquecidos, levando-nos a um mundo sem dono. Um mundo, de outro modo, mais perigoso do que um mundo dominado por um império, qualquer que seja. Um mundo no qual a Europa reencontra toda a sua chance de ser livre, poderosa e próspera.

Uma nação domina geopoliticamente o mundo quando ela o controla economicamente, em particular pela sua moeda e pelas tecnologias do futuro; quando ela é uma potência militar e diplomática importante; e quando ela influencia o resto do mundo ideológica e culturalmente. Para muitos, essa definição da geopolítica leva a concluir que a China logo dominará o mundo, no lugar dos Estados Unidos.

É claro que a China já é, e será ainda mais após esta crise, uma imensa potência: sua força de trabalho de 800 milhões de pessoas é superior à totalidade das forças de trabalho do conjunto dos países da OCDE; ela já representa 25% do valor agregado mundial nos bens manufaturados, 40% para o têxtil, 28% para máquinas e ferramentas, 16% da produção global no setor químico-farmacêutico, 50% do ibuprofeno, 60% do paracetamol e 90% da penicilina. Ela domina igualmente a inovação em termos de inteligência artificial; e forma mais engenheiros a cada ano do que se vê na Europa. Seu regime parece estável, e o partido comunista exerce um controle total sobre a população. Além disso, as despesas militares chinesas já representam três quartos daquela dos Estados Unidos; em 2025, ela será militarmente mais poderosa do que os Estados Unidos na região do Indo-Pacífico; os chineses parecem dispor também de uma grande força de guerra digital, apoiada nesse aspecto pela sua aliada no momento, a Rússia.

Sua influência no mundo cresce; seu modelo meritocrático fascina cada vez mais por sua eficácia, e ela tem seus discípulos. Suas reservas em divisas estrangeiras e em ouro são de 3 trilhões. Sua moeda começa a ser utilizada nos intercâmbios internacionais, em particular para denominar um número crescente de contratos petrolíferos. Ela chega a sonhar em fazer de uma moeda virtual chinesa a moeda de referência dos intercâmbios internacionais do século XXI. Sua influência aumenta particularmente na África, da qual ela detém 20% da dívida total. Ela está bem presente nas instituições internacionais, abandonadas pelos Estados Unidos; altos funcionários chineses dirigem agências especializadas da ONU: a FAO, a ITU, a UNIDO e a ICAO.[8]

Finalmente, sua gestão da pandemia parece para muitos, no interior como no exterior do país, um modelo de eficiência. A notícia de que haveria menos mortos na China do que na Europa (o que é, sem dúvida, falso) seria a prova da qualidade de seu sistema de saúde, da eficácia de sua governança e da confiança de seus cidadãos em seus dirigentes. Ela multiplica pequenos presentes de material médico, a fim de melhorar sua imagem internacional, em quase todo o mundo, até mesmo na Europa. Em 13 de março de 2020, por exemplo, um avião fretado pela Cruz Vermelha chinesa levou para Roma profissionais médicos, 200 mil máscaras e alguns respiradores. Ou seja, quase nada. Tudo isso com grande esforço publicitário. Da mesma forma, a fundação Alibaba distribui graciosamente desde fevereiro milhões de máscaras e kits de detecção na Europa, nos Estados Unidos e na África.

---

[8] FAO (Food and Agriculture Organization): Organização das Nações Unidas para a Alimentação e a Agricultura; ITU (International Telecommunication Union): União Internacional de Telecomunicações; UNIDO (United Nations Industrial Development Organization): Organização das Nações Unidas para o Desenvolvimento Industrial; ICAO (International Civil Aviation Organization): Organização Internacional da Aviação Civil. [N.T.]

A violência de seu discurso contra o Ocidente não tem limites: em 13 de março de 2020, o diário chinês *Huanqiu Shibao* publica com o aval do *Diário do Povo*, órgão do partido comunista chinês, um editorial bem crítico em relação aos Estados Unidos e à Europa, denunciados como incapazes de conter o novo coronavírus. No entanto, já vimos anteriormente o que se poderia pensar da gestão da pandemia por parte da China.

Diante desta emergência sanitária, os Estados Unidos parecem desabar numa crise financeira, social e política importante. De início, a gestão catastrófica da pandemia, tanto pelo governo federal quanto pelos estados, confirma a incapacidade atual desse país para enfrentar uma crise grave. A isso se acrescenta a ausência de respostas legislativas, institucionais e econômicas ao racismo sistemático no seio da sociedade americana e que levou, a partir de 26 de maio de 2020, milhares de pessoas a protestar contra as violências policiais e raciais, depois da morte de George Floyd, um americano negro assassinado por um policial branco durante uma abordagem violenta. Em seguida, a dívida externa, a dívida pública, as dívidas privadas, a baixa qualidade das infraestruturas, a saúde precária da população gangrenada pela droga e o açúcar, a violência cotidiana e as armas pesadas vendidas livremente são tantos outros sinais do declínio americano. Além disso, os Estados Unidos se retiram sistematicamente de todas as instituições internacionais, dando lugar à China que, ao contrário, faz tudo para aumentar sua influência.

Esta análise poderia levar a pensar que a China logo será a única superpotência global, e que o século XXI será chinês. Em todo caso, é o que as mídias e um bocado de intelectuais, na Ásia, repetem em todos os tons há vários anos. E mais ainda desde abril de 2020.

Entretanto, nada há de mais incerto.

O PIB chinês ainda representa somente dois terços do PIB americano, e menos da metade do PIB per capta. A China é incapaz de alimentar sua população e precisa contar com as importações de alimentos vindos da Ásia, África e América Latina. Ora, um país que não pode se alimentar sozinho está sujeito a muitas chantagens.

O modelo político chinês, autoritário e censurado, não é sustentável a longo prazo; uma revolta de suas classes médias, que aspiram uma maior autonomia e liberdade, fará um dia explodir o partido único, como outros partidos únicos explodiram quase em toda parte: nação alguma jamais foi uma superpotência duradoura sem ser uma democracia liberal, ou ao menos, sem deixar se manifestarem pontos de vista dissidentes no interior de sua elite. Não foi este o caso da União Soviética, até Gorbatchov. Não é o caso da China, e é inclusive a razão principal, conforme vimos, de sua má gestão da pandemia, que ela guardou em segredo, mentindo para si mesma, prendendo aqueles que teriam podido permitir ao país controlá-la com mais eficiência, sem dispor de outra solução senão um confinamento global, infectando depois o resto do planeta e, por fim, servindo-lhe de modelo. Todos os discursos que se seguiram para explicar sua eficácia não são convincentes; e não podem sê-lo: a China não podia ter êxito diante da pandemia ocultando todas as informações de seu povo. O dilema eterno: democratizar-se seria para a China correr o risco de se desarticular, como ocorreu com a URSS com a perestroika. E se não o fizer, estará fadada ao fracasso.

Depois, sua potência militar atual é demasiadamente superestimada: o país só possui dois porta-aviões; e duas bases no exterior (em Djibuti e em Mianmar). Por fim, a China é muito mal vista pelos seus vizinhos, que são todos aliados dos Estados Unidos.

Diante dessas fragilidades chinesas, os Estados Unidos ainda são, de longe e serão por muito tempo, a primeira potência econômica e militar do mundo.

Eles controlam também as tecnologias do futuro, nas quais suas empresas, especialmente as cinco do GAFAM (Google, Apple, Facebook, Amazon e Microsoft), também conhecido como "Big Five", são de longe as mais poderosas do mundo; obedecendo, ainda amplamente, às instruções do governo de Washington. O soft power dos americanos, através de suas mídias, seu cinema, seus jogos de vídeo online, suas plataformas de comércio eletrônico e de vídeos online, aumenta a cada dia. O dólar segue sendo a moeda de referência do mundo; ele é utilizado por mais de sete bilhões de pessoas, como uma ferramenta de reserva e de transação, o que lhes dá um poder quase infinito de emissão de divisas. E os Estados Unidos chegam mesmo a se servir dele como um meio de política externa e de sanções, contra o Irã e a Rússia. Eles conseguem impor mesmo na Europa a extraterritorialidade de suas leis.

Sua potência militar não tem rival, tanto pelos seus aviões quanto pelos seus submarinos, seus foguetes balísticos, seus meios de destruição nuclear e de vigilância digital.

Aos quais se acrescenta a presença de suas forças armadas em bases instaladas em 45 países. Além disso, os Estados Unidos podem contar com aliados poderosos: Coreia do Sul, Japão, Austrália. E evidentemente na Europa.

Mesmo a Europa, atualmente, de uma certa maneira, é militarmente mais poderosa do que a China: A França tem cinco bases na África, está presente militarmente nos cinco continentes e dispõe de uma força nuclear independente. Em breve, a União Europeia poderia parecer ao resto do mundo um modelo melhor do que o chinês ou o americano: ela protege melhor seus cidadãos socialmente; seu nível de vida é o mais elevado no mundo; ela só reúne democracias; sua influência no mundo é considerável. Sua unidade se fortalece, na crise, independentemente do que dizem seus adversários: ela tomou, conforme observamos, inúmeras decisões para reforçar sua ação econômica e social comum. Enfim, sua moeda, apesar de todos os ataques, é cada dia mais reconhecida como uma divisa de reserva internacional respeitada.

Não se pode afirmar com certeza, portanto, que a China substituirá um dia os Estados Unidos como nação dominante. Creio ser mais provável, aliás, que os Estados Unidos e a China saiam desta crise mais enfraquecidos.

Isso não nos garante um modelo melhor. Muito pelo contrário. Primeiramente porque essas duas superpotências fragilizadas serão particularmente perigosas, e um conflito muito intenso, não só econômico, pode levá-las a se opor uma à outra. Uma guerra é até possível. Não necessariamente voluntária. Não necessariamente entre elas. O menor incidente no mar da China ou no golfo pérsico poderia desencadeá-la. A Rússia e o Irã seriam sem dúvidas atores também de uma tal batalha. Existe igualmente um risco de conflito com a Índia, por conta de disputas fronteiriças. A Índia é outra superpotência promissora para a segunda metade do século XXI.

Ademais, em caso de crise importante entre essas potências, as instituições internacionais serão incapazes de se interpor: quando começou a pandemia, o Conselho de Segurança da ONU levou um mês para se reunir, à distância, por falta de meios de videocomunicação de vários de seus membros! E foi uma reunião sem interesse, para emitir um comunicado destituído de sentido. Enquanto teria sido desejável que se realizasse ao menos uma reunião dos cinco principais membros permanentes. Só o G20, ao organizar reuniões dos ministros das Finanças, da Saúde e os chefes de governo, soube, por ora, se mostrar à altura.

Se a Europa conseguir se aproveitar dessas fraquezas das duas grandes potências para se unir e se fortalecer, algo que está longe de ser garantido, um grande futuro se abre para ela. Seria preciso para isso ser capaz de instaurar instituições muito mais fortes, muito mais democráticas, e um grande fundo de investimento nos setores prioritários, aqueles da economia da vida, que abordaremos mais adiante.

As enormes empresas contra as nações

Esse enfraquecimento das nações, mesmo as mais poderosas, deverá acelerar o processo de tomada do poder pelas empresas de grande porte. Elas deverão desempenhar um papel político cada vez mais importante, e contornar ainda mais do que fazem hoje em dia as regulamentações e a tributação que lhes impõem os Estados. Este será sobretudo o caso das firmas ocidentais muito grandes; as gigantes chinesas ainda são extremamente bem controladas pelo poder político e seu partido único.

Por sinal, é o que preveem os mercados financeiros, que nunca valorizaram tanto essas enormes empresas americanas, e não somente as GAFAM (ou Big Five), que eles consideram cada vez menos vulneráveis às eventuais tentativas políticas de enfraquecê-las: a capitalização da bolsa de valores dessas cinco maiores empresas americanas "S&P 5" representa agora o equivalente ao PIB da terceira potência econômica mundial, o Japão.

Elas se fortaleceram particularmente durante a crise: a receita da Amazon cresceu 26% no primeiro trimestre de 2020; para o segundo trimestre, a empresa prevê um aumento de 18% a 28% em relação ao ano de 2019. A Amazon teria empregado mais de 175 mil pessoas suplementares desde março. Sua receita anual poderá aumentar em 20% para atingir 335 bilhões de dólares em 2020.[9] A Amazon se encontra atualmente presente nos setores livreiro, na preparação de refeições, no conteúdo audiovisual, no streaming musical, nos telefones celulares, na saúde, nas entregas a domicílio e no *cloud computing.*

---

[9] A Amazon fechou o ano de 2020 com uma receita bruta de 386 bilhões de dólares, um aumento de 37,62% em relação a 2019. [N.E.]

Sua divisão *cloud,* chamada Amazon Web Services, é de longe a atividade mais lucrativa do grupo. A firma possui 120 centros de estocagem de dados no mundo inteiro e é a líder no armazenamento de dados online. A Amazon Care comprou várias startups do setor de saúde (entre elas a Health Navigator, que desenvolve serviços de saúde online, e a farmácia online PillPack). Quando o governo britânico planejou propor um teste individual a seus habitantes, a Amazon se voluntariou para assegurar a logística: pelo menos 3,5 milhões de testes rápidos do coronavírus seriam assim enviados a vários milhares de lares e farmácias.

Apple e Google se aliam para propor um aplicativo que permite um rastreamento de doentes da Covid-19. O gigante do conselho PwC também desenvolve uma ferramenta de *"contact tracing"*, que deveria permitir aos executivos informar aos empregados que estes tiveram contato com um colega que teve resultado positivo num teste de detecção do Covid-19. Uma filial do conglomerado sul-coreano Hanwha lança câmeras com detecção da temperatura corporal.

Além disso, essas firmas não respeitam nem um pouco as leis que as restringem. Mesmo se, na Europa, desde 2016, um regulamento geral sobre a proteção de dados é destinado a proteger o conjunto dos cidadãos europeus, as GAFAM não o respeitam, especificamente ao não propor uma escolha bastante clara aos consumidores quanto à utilização de seus dados, tão essenciais, em particular na questão da saúde. Elas se servem deles para fins políticos, a fim de selecionar mensagens favoráveis a determinado candidato, e gastando valores consideráveis em lobbies junto aos governos.

Por ora, essas firmas conseguiram impedir que seja fixado um nível mínimo de tributação em 12,5%, que poderia gerar 100 bilhões de dólares por ano aos países em que operam.

Alguns países as reconhecem como homólogos: em 2017, a Dinamarca nomeou um embaixador junto às GA-FAM, alçando-as de fato ao mesmo patamar que os Estados.

Alguns de seus acionistas fundadores começam assim a ser considerados, a título pessoal ou através de suas fundações, como atores políticos plenos e integrais. A Fundação Bill and Melinda Gates tornou-se o primeiro contribuinte não estatal da OMS, e um parceiro fundador da GAVI, uma aliança para distribuição de vacinas. Mark Zuckerberg lançou uma iniciativa para promover a igualdade nos setores de saúde, educação, pesquisa científica e energética. Alguns o fazem de maneira totalmente altruísta. Outros para aumentar suas receitas: Facebook oferece assim inserções publicitárias gratuitas à OMS, o que habitua essa organização a utilizar seus serviços.

O equivalente chinês das GAFAM se atribui os mesmos poderes. Com ainda maior capacidade de cálculo, de conhecimento em inteligência artificial e em campo de ação, em função do tamanho do mercado chinês. Por enquanto, ele permanece a serviço do partido comunista e do Estado.

E entretanto os desafios que se apresentam diante de nós estão justamente associados ao que produzem essas empresas: a artificialização do mundo.

Recusar a ditadura dos artefatos

A crise atual foi, sem dúvida, desencadeada por uma falta de respeito em relação à natureza: o consumo de animais selvagens e de espécies protegidas. Ela é também a marca da aceleração da transformação progressiva de todas as atividades humanas em artefatos. Distanciados, os homens são cada vez mais apêndices das máquinas das quais acreditam ser os donos.

Há muito tempo, o homem substitui gradualmente várias dimensões de si mesmo por artefatos, que lhe servem de ferramentas.

Na crise atual, os homens se puseram a utilizar ainda mais artefatos, em domínios nos quais eles se serviam pouco deles: para aprender e se tratar.

O homem se acredita mais livre porque dispõe de mais ferramentas. Ao passo que, na verdade, quanto mais ele dispõe de próteses, que suplementam seus meios, mais ele se submete às suas injunções: muitas pessoas começam a entender que só fazem o que mandam seus telefones, seu computador, os aplicativos que as rastreiam e os que as testam. E que estão cada vez mais reduzidas a só encontrar prazer, gratificação, no reconhecimento que lhes transmitem essas próteses; enquanto, de fato, eles visam apenas lhes fazer esquecer sua solidão convencendo-as de que os outros as apreciam; os outros, exatamente tão solitários quanto elas.

Acelerando essa evolução, a crise atual amplia o campo da artificialização, cujas consequências sobre o meio ambiente são gigantescas.

O clima, finalmente!

A pandemia é também uma oportunidade para se lembrar de que, se um problema de longo prazo não for atacado a tempo, há de se pagar um preço alto por esse despreparo.

Isso se aplica ao clima. E a crise atual é uma ocasião para se tomar consciência disso.

Primeiramente, ela faz com que se adotem hábitos úteis: descobre-se que é possível realizar mais reuniões à distância. Que se pode utilizar cada vez menos o carro e cada vez mais a bicicleta. Algumas pessoas começam a compreender que a compra de objetos fúteis não é uma finalidade na vida. E que um modelo bem mais frugal, no qual o tempo seria utilizado para outra coisa que não trabalhar e comprar, seria talvez uma fonte maior de felicidade.

A crise é também a oportunidade de demonstrar que o decrescimento não é, em si mesmo, uma solução para a crise climática.

Para atingir o objetivo de limitar o aumento da temperatura até o fim do século em $1,5°C$, fixado pelo Acordo de Paris, seria preciso na verdade reduzir as emissões de gases do efeito estufa em 7,6% por ano, de 2020 a 2030. Ora, é isso que vai ser mais ou menos alcançado em 2020 graças a uma formidável recessão: as emissões de CO_2 diminuirão no ano de 2020 entre 5,5% (segundo um estudo da Carbon Brief) e 8% (segundo a Agência Internacional de Energia). Portanto, para alcançar o objetivo climático através do decrescimento, seria necessário que o PIB global baixasse a cada ano, durante dez anos, tanto quanto em 2020. O que causaria a ruína absoluta e o desemprego generalizado. Absurdo.

Assim sendo, o decrescimento não é a solução para o controle das mudanças climáticas. É preciso então não decrescer, mas produzir de outra maneira. E outras coisas.

Além disso, muitos pensam que a prioridade sendo a luta contra a depressão econômica, a luta contra o aquecimento climático deve passar ao segundo plano. Particularmente, alguns propõem uma nova discussão sobre os objetivos do Acordo de Paris e continuar utilizando maciçamente as energias carboníferas, cujos preços se tornaram altamente competitivos. Assim, a China anuncia um plano de recuperação baseado na exploração mais intensa do que nunca do carvão. Nos Estados Unidos, a agência de proteção ambiental acaba de reduzir de 5% a 1,5% por ano a diminuição do consumo de carburante em seus veículos até 2026.

No sentido inverso, a União Europeia confirmou seu compromisso de neutralizar o carvão até 2050 e chegou mesmo a elevar suas metas de redução de gases do efeito estufa para 2030.

Finalmente, e talvez mais importante: não existe somente o problema climático. O desafio ambiental não se resume à quantidade de carbono no ar e à utilização de bicicletas nas cidades, por mais importante que isso seja.

Outros riscos ameaçam o planeta: a destruição dos oceanos, a agricultura intensiva, as questões relativas à biodiversidade, à miséria, à ausência de educação e, em particular, para as mulheres, à violência contra os mais frágeis. E tantos outros.

5

TIRAR O MELHOR PARTIDO DO PIOR

QUE LIÇÕES PODEMOS EXTRAIR DESSES meses de tormenta, durante os quais algumas pessoas ficaram trancadas num espaço de poucos metros quadrados?

O que podemos aprender com a vida passada durante a travessia desta pandemia, para nós mesmos e para os outros?

Mas de que vida, de que *vidas* estamos falando? De nossos concidadãos? Dos mais desfavorecidos? De todos os seres humanos atuais? Dos seres humanos do futuro? De todo ser vivo?

Evidentemente, de todas as vidas, as de hoje e as do futuro. Pois ninguém, em nenhum lugar do mundo, por mais rico e poderoso que seja, está protegido contra as consequências de uma falta de higiene num mercado chinês, ou do mau tratamento dado a uma criança em Bangladesh. Não cuidar delas significa ameaçar o futuro do mundo inteiro com terríveis consequências.

Assim, se faz necessário, onde quer que se esteja, extrair todas as lições, pessoais e coletivas, deste período tão particular a fim de aprender sobre cada um de nós e sobre todos nós.

Solidão e intimidade

Os comportamentos de todos nós terão mudado um bocado nestes meses de choque. Teremos descoberto muitas coisas diferentes sobre nós mesmos e sobre os outros, segundo sua situação social, econômica, geográfica e seu gênero.

Alguns, dentre os quais me incluo, puderam apreciar a nova lentidão, a solidão voluntária, a pausa nas viagens, a intensidade dos relacionamentos com os próximos.

Aquele que terá podido se isolar confortavelmente não terá sentido o mesmo que aquele que terá sido obrigado a continuar trabalhando, sem proteção, temendo a doença ou o desemprego. Voltando em seguida para casa, em transportes coletivos inseguros, num subúrbio às vezes distante. Uns e outros terão vivido a solidão de modo bem diferente. O primeiro, espero, terá se conscientizado um pouco mais sobre a utilidade do segundo.

A solidão é uma tendência tão profunda quanto antiga da história humana. Podemos encontrá-la como uma aspiração na maioria das religiões, um caminho para chegar a Deus. Muitos a experimentam como os eremitas e os sábios, como Blaise Pascal ou Baruch Spinoza. Os românticos a viam como uma das maneiras de ser no mundo, de se confundir com a natureza. Robert Louis Stevenson diz que a solidão faz do homem "uma flauta para que o vento possa tocar"; algo que reencontramos mais tarde na atração pela vida selvagem e pelos caubóis solitários. Hoje em dia, os seres urbanos a procuram em ocupações que os isolam das multidões, como as caminhadas na floresta ou na montanha, na ioga, na navegação à vela, na meditação; ou ainda, em jogos solitários, dos quebra-cabeças às palavras cruzadas.

Ela é uma realidade cada vez mais infundida: enquanto, em 1905, somente 5% dos americanos viviam sozinhos, hoje, eles são um quarto da população, um terço na Grã-Bretanha, um pouco mais na França, e 50% na Suécia. Outros enfrentam uma solidão mais ou menos obrigatória, na prisão, num hospital psiquiátrico, ou num asilo para idosos.

De uma maneira completamente diferente, as jovens gerações mantêm uma cultura da solidão, diante das telas dos computadores ou dos telefones, sozinhos mesmo em meio à multidão dos transportes coletivos, com os fones grudados nos ouvidos. Eles levam essa solidão até o ponto de não mais terem amigos, ou parceiros sentimentais ou sexuais. Pode-se mesmo imaginar que o desejo de solidão se estende até o desejo de não ter filhos, o que extinguiria a espécie humana, ou de tê-los sem relações sexuais, o que é possível e poderia se tornar uma tendência muito mais desenvolvida do que é hoje, em nome do respeito do direito à solidão.

Essa "epidemia da solidão" encontra seu paroxismo na proximidade da morte: cada vez mais, chegamos ao fim da vida sozinhos.

Durante o confinamento, aqueles que já viviam sozinhos experimentaram um paroxismo de sua solidão, privados de amigos e familiares. Até o último dia de suas vidas, se uma doença os levasse embora.

Aqueles que viveram o confinamento com alguns próximos atravessaram um outro tipo de experiência. Ele permitiu a alguns pais e algumas mães, com um ritmo de vida frenético, descobrir seus filhos. E aos filhos descobrir seus pais. Às vezes, os pais não têm vontade alguma de se confinarem juntos. E as crianças devem ter sofrido com isso. O confinamento representou com demasiada frequência a oportunidade de voltar aos princípios retrógados: as mulheres, essencialmente, cuidaram das tarefas domésticas e da educação das crianças; coube a elas o peso da logística da vida confinada. Assim como coube a elas, essencialmente, o fardo da vida não confinada, nos locais de tratamento de saúde e de educação.

Todos aqueles que estiveram confinados dentro de condições decentes puderam, ou teriam podido, fora de seu horário de trabalho, ler livros que sonhavam em ler, ouvir músicas que sonhavam em ouvir, aprender um idioma, tocar um instrumento, questionar sobre a própria vida e preparar um "depois" que podiam supor que seria radicalmente diferente.

Todos poderiam ter utilizado essa pausa imposta, esse momento único de uma vida, para se liberar de certos hábitos e se tornar outra coisa, buscar sua identidade.

Muitos não fizeram nada disso. Tudo o que tentaram foi escapar desesperadamente da solidão. Eles utilizaram as tecnologias digitais para se conectar com os outros, para se informar, conversar, distrair-se: temos tido, muito mais do que antes, tempo para receber e dar notícias, reatar contato com amigos perdidos de vista.

A vida privada daqueles que terão adotado o teletrabalho terá sido invadida pelo trabalho; sem a possibilidade de se isentar disso, mesmo em países como a França, onde uma lei impõe horários para que e-mails profissionais sejam respondidos.

Poucos puderam realmente fazer algo de novo nesses momentos, no entanto, únicos.

Escamotear a morte; viver intensamente

Um dos maiores escândalos do período de confinamento terá sido, e ainda é, a impossibilidade de acompanhar seus próximos em seus últimos instantes, e mesmo, em certos países, assistir a seus funerais. Todos se prometeram que fariam tudo para que isso não voltasse a acontecer; de maneira que, nunca mais, esse momento essencial das relações humanas fosse usurpado.

E, no entanto, é provável que essa escamoteação da agonia não seja um fenômeno acidental, um parênteses da história humana, mas ao contrário, uma etapa a mais dentro de uma mutação vertiginosa, implacável, vinda de muito longe e com consequências alucinantes.

Nenhuma estrutura social é legítima ou duradoura se ela não dá, ou não impõe, um sentido à morte: isso foi, alternadamente, religioso, militar, social, médico, científico. Hoje, esses significados não bastam mais. A morte se revelou tal como ela é, como a vida, um enigma incognoscível. Assim, diante da dificuldade de lhe dar um sentido, e da dificuldade ainda maior de aceitar que não possua nenhum, nossas sociedades escolheram recentemente, pouco a pouco, cautelosamente, camuflá-la: não se morre mais em casa, não se fala mais dos mortos, ou da morte. Tudo é feito de modo que não seja preciso pensar na própria morte e na dos outros, para não assistirmos ao espetáculo da morte, para esquecermos os idosos em asilos. Para nos distrairmos a todo instante com a vida, sem jamais um instante de solidão e de reflexão.

Então, o que aconteceu durante o confinamento talvez não seja uma escandalosa ruptura com uma fachada apaziguadora, mas uma versão avançada da ocultação da morte e dos moribundos, em vigor há muito tempo.

Se uma tal evolução se confirmar e for mais longe, assim que alguém for considerado como irreversivelmente perdido, ele será isolado, retirado do mundo dos vivos e acompanhado até a morte por profissionais. E como será necessário que os mortos ocultados não venham sobrecarregar os vivos, suas cinzas serão guardadas dentro de crematórios gerais, de início aberto às visitas dos familiares, e que acabarão não mais o sendo. A desarticulação das famílias, a obsessão do instante, o egoísmo, o culto de si mesmo, a indiferença ao passado, encontrarão aí seu paroxismo.

Para aqueles que, tendo escamoteado a morte de seus próximos, desejarem conservar uma imagem viva, negando absolutamente a morte, um novo mercado aparecerá, e já aparece: será vendida aos vivos a formatação virtual dos falecidos. Graças aos dados reunidos em suas conversações, suas fotografias, vídeos, escritos, analisados por inteligências artificiais cada vez mais competentes, os mortos poderão continuar respondendo seus e-mails e enviando mensagens nas redes sociais. Um pouco mais tarde, em breve, os desaparecidos levarão mesmo uma vida virtual, sob a forma de hologramas, participando assim da vida dos viventes; de um modo inicialmente sumário, depois cada vez mais sofisticado.

Isso será financiado por aqueles entre os vivos que desejarão conservar a presença de seus próximos; ou pelos próprios desaparecidos, que terão dedicado uma parte importante de sua fortuna às fundações, cuja função única será manter a presença virtual de seus criadores dentro do mundo que virá depois.

A gestão do pós-vida se tornará um setor econômico integral; o desaparecido se tornará um objeto mercantil entre outros. Para alguns, a vida será vivida preparando sua pós-vida; transmitindo seus dados a um holograma; numa devassidão de consumo energético.

Pesadelo? Talvez. Perspectiva oculta dentro das profundezas do real? Certamente.

Recusar-se a admiti-lo, considerar esse cenário como improvável, é justamente participar da escamoteação da morte, negando inclusive aquilo a que ela poderá conduzir. Significa tornar ainda mais difícil evitá-la.

Pois é chegado o momento de saber se é isso mesmo que se quer fazer da humanidade. Ainda há tempo para recusá-lo, priorizar a vida, vivida aqui e agora, em detrimento daquela do holograma de si: recusar a ilusão do narcisismo para escolher a transmissão da esperança.

Uma máscara significa o quê?

Os objetos da vida cotidiana têm todos uma história, uma genealogia, uma razão de ser; e nada há de mais apaixonante do que as narrar. Aquelas do modesto prego, do ruidoso martelo, do livro sutil, da obediente máquina de lavar, do possante automóvel, do fascinante computador, são capazes de nos dizer mais sobre nossa sociedade do que um punhado de filósofos, historiadores, economistas ou sociólogos.

Um desses objetos, antiquíssimos, voltou a ser atual: a máscara.

Para compreender sua razão de ser hoje em dia, é necessário, como ocorre com os outros, mergulhar na profundeza da História. Ali, descobrimos que, como os demais objetos, e talvez ainda mais, a máscara reflete a morte, e a busca da imortalidade.

Os homens não amam a si mesmos, e eles se mascaram para se inventar, se superar, tornar-se outro. Os homens não amam os outros homens, e somente aqueles que têm o direito de existir ou a uma imortalidade têm direito a uma máscara. A máscara só existe quando existe um rosto.

As primeiras máscaras são as das múmias egípcias, para as quais elas abrem o caminho para a eternidade. Em seguida, vêm as máscaras dos rituais africanos, cuja função é também criar uma relação com o além, não mais sendo usada pelos mortos, mas pelos vivos, aos quais elas dão a aparência de deuses, ou de semideuses, de seres sobrenaturais em todo caso. Em geral, na dança. Por muito tempo, só as pessoas mascaradas dançam.

Ao mesmo tempo, alguns deuses, aqueles do judaísmo e depois do Islã, não têm rostos; eles não precisam de máscaras, e chegam mesmo a proibir seus fiéis de usar uma. A não ser, às vezes, para esconder seus rostos, nunca para se travestir.

Quando o ritual perde sua força, a máscara é utilizada para dar um espetáculo: no teatro grego, assim como no teatro Nô. Sua função aí é aumentar, deformar, magnificar o caráter dos personagens universais por trás dos quais desaparecem aqueles que as usam. As palavras "personagem", "persona", "personalidade", por sinal, derivam de *prosophon*, que designa a "máscara" em grego.

Em seguida, a função ritualística da máscara se degrada ainda mais, com o Carnaval, que permite ao homem mudar de personalidade, de ser um outro durante um breve momento, escapar um instante de sua situação social e sua condição de mortal.

Depois, o indivíduo ganha ainda mais liberdade, autonomia, transparência. E chegamos à máscara mortuária, derradeira tentativa de conservar a vida dentro de seu simulacro, esse "drama de tudo", sobre o qual falará mais tarde o grande poeta americano Walt Whitman, que foi condutor de ambulância durante a guerra da Secessão.

Depois, com o individualismo, o gosto pela vida, a recusa da morte, a máscara desaparece; ela não passa de um acessório de parque de diversões; a autenticidade se torna a regra, ao menos na aparência; pois, na realidade, a máscara ainda está presente: ela se torna chapéu, peruca, maquiagem, depois cirurgia estética. E nesse ponto, ainda, trata-se de negar a morte.

A máscara que a pandemia impõe a partir do final do século XVII está, por sua vez, mais do que qualquer outra, em relação com a morte: ela visa ainda adiá-la. Ela ainda obedece a um ritual, imposto pelos novos mestres da relação com a morte: não são mais os padres, mas os médicos, que as utilizam antes dos outros.

A máscara médica é um puro artefato, como tantos outros com os quais nos atulhamos. Um artefato vital; uma proteção uniforme, abstrata, burocrática. Como as outras máscaras antes desta, ela nega a personalidade daquele que a utiliza, aos olhos daqueles que a observam, mas sem a substituir por uma outra, como o fazem as outras máscaras. Ela não é mais um sinal de distinção, mas de uniformidade. O outro não passa de um ser indiferenciado, irreconhecível. Torna-se impossível exprimir o sentido através de uma careta ou de um sorriso; o próprio olhar não é mais completo.

Situação insuportável numa sociedade individualista, democrática, fundada na realização de si, no tornar-se si mesmo. Mesmo quando o si mesmo sonha em se tornar um outro. Da mesma forma, nada seria mais mortal para nosso mundo do que se deixar resvalar numa sociedade que nega a especificidade de cada ser humano, o que tornaria mais aceitável seu desaparecimento.

Se quisermos salvar o direito de sermos nós mesmos, na democracia, pelo tempo que será necessário usar uma dessas máscaras sanitárias, é essencial não nos deixarmos negar por elas. E para isso, simplesmente, personalizá-las, como foi feito certa época, durante uma pandemia veneziana. Um bocado de mulheres, mais do que os homens, entenderam isso; e não por razões fúteis: em geral, elas sabem melhor que os homens que a vida só existe onde há diferença, distinção.

Produzir sozinho, criar juntos

Numa grande parte do mundo, após este período, as pessoas vão desejar por muito tempo continuar trabalhando como se faz há séculos. O capital continuará explorando as crianças e as mulheres, a impor ritmos infernais, sem dar a mínima importância à vida.

A pandemia nos ensina a interdependência de todas as vidas. Foi porque as condições higiênicas e o consumo alimentar eram desastrosos, num mercado de uma cidade chinesa, e porque tinham destruído os habitats naturais de diversos animais selvagens, que se desencadeou essa imensa crise planetária. Assim, interessa a cada um de nós que ninguém mais seja afetado por uma doença contagiosa, onde quer que esteja no mundo.

Consequentemente, as empresas privadas, que continuarão a fixar um objetivo de rentabilidade, irão querer organizar de maneira diferente a relação com seus assalariados, a fim de evitar que uma pandemia os atinja. Elas deverão reduzir maciçamente a superlotação de trabalhadores num mesmo local, questionar os *open-spaces*, modificar profundamente o trabalho em linhas de montagem, melhorar a vigilância da saúde do trabalho, com mais prevenção, mais higiene, mais testes e mais terapia. Isso poderá até mesmo tornar legal, para uma firma, impor a seus empregados que sejam permanentemente examinados para qualquer enfermidade contagiosa, antes de se apresentarem ao local de trabalho; poderá ser imposto que cada um informe aos outros seu estado de saúde. Os assalariados, como os consumidores, deverão ser ainda mais associados às decisões dos conselhos de administração, ao menos quando sua saúde estiver em jogo.

Além disso, esta crise terá ajudado a conscientizar muitas pessoas sobre a importância de certas profissões: enfermeiros, lixeiros, caixas de supermercado, que até então passavam despercebidas. Muitos pais de alunos terão enfim compreendido a dificuldade da carreira dos professores.

Para que essa conscientização seja duradoura, será preciso mais do que aplausos e gratidão. Será necessário melhorar os salários, as condições de trabalho, os postos, os equipamentos. Se essas profissões são exercidas por funcionários públicos, elas deverão ser financiadas através de mais impostos, e é muito bom que seja assim. Se forem exercidas no âmbito de empresas privadas, elas abrirão mercados novos e fantásticos, e serão fontes de lucro e de crescimento para as empresas e os capitais privados.

O teletrabalho se tornará, depois de ter sido utilizado durante o confinamento, mais importante e mais natural.

Depois da crise, as empresas encorajarão seus empregados a continuar trabalhando, ao menos em parte, em suas casas. Nos Estados Unidos, calcula-se que 60% dos empregos poderão ser exercidos a domicílio. O essencial dos serviços, em um país que disponha de uma boa rede digital, poderá ser produzido à distância. Uma grande parte das reuniões, conferências e colóquios se realizará em modo virtual.

Até 2035, um bilhão de pessoas poderão trabalhar em seus lares, ou em outros lugares. Como nômades.

Com isso, mudará também o processo de recrutamento: enquanto nos Estados Unidos, antes de março de 2020, somente 1,3% das ofertas de emprego no site ZipRecruiter propunha explicitamente a possibilidade de trabalhar a partir de seu domicílio, esta proporção aumentou, em maio de 2020, para mais de 11%.

Isso reduziria maciçamente os espaços de escritórios necessários: as empresas não terão mais que se concentrar dentro dos bairros comerciais mais caros das cidades. É portanto provável que elas favoreçam essa evolução.

Com algumas reservas, porém: as empresas não poderão se contentar em se tornar simples agrupamentos anônimos de colaboradores virtuais. Desta forma suas perdas seriam demasiadas: uma grande parte do trabalho presencial, essencial para o comércio, implica em encontros, reuniões, almoços, jantares e aperitivos entre colegas e com fornecedores e clientes. Do mesmo modo, uma grande parte da criatividade surge por acaso ao longo desses encontros e intercâmbios improvisados, impossível no ambiente de uma reunião virtual previamente organizada.

Será perdida igualmente uma parte importante do interesse das conferências, colóquios, exposições, fóruns, que servem a produzir encontros. Apenas os oradores poderão se apresentar e encontrar em seguida, virtualmente, os ouvintes.

O lugar mais importante de uma empresa é, por sinal, a cantina ou o entorno da máquina de café. Bloomberg entendeu isso perfeitamente na sua sede nova-iorquina, onde é difícil distinguir os escritórios e as cafeterias. Se esses locais de trabalho desaparecerem, as relações profissionais serão mais frias, menos personalizadas; isso acelerará a deslealdade dos colaboradores, que, com frequência, já não passam de mercenários. Nesse sentido, as reuniões à distância se inscrevem numa longa tendência de atomização das estruturas coletivas, de desintegração do tecido social.

Para compensar isso parcialmente, será preciso, durante as reuniões virtuais, permitir a cada um falar mais igualitariamente e manter a virtude do intercâmbio. Será necessário encontrar métodos para promover ocasiões espontâneas, a descoberta casual. Será necessário inventar uma máquina de café virtual. É o que fazem de certo modo alguns sites de encontros, cujas técnicas deveriam ser transpostas para as empresas e colóquios agora virtuais. Isso já existe de uma maneira embrionária, com aplicativos específicos. Será preciso, sobretudo, a fim de que a empresa conserve seus colaboradores, dar um sentido a seus trabalhos. E para tanto, ela deverá fixar outros critérios de avaliação de seus desempenhos que não sejam só os lucros dos acionistas. Ela deverá justificar que se preocupa em proteger seus colaboradores, seus clientes, sua vizinhança, que se prepara para crises futuras, pelo menos tanto quanto cuida dos interesses de seus acionistas; de modo mais geral, será preciso que suas atividades estejam em conformidade com os interesses das futuras gerações. Ela precisará então se tornar aquilo que começamos a chamar de uma "organização positiva".

Não bastará mais se contentar com os discursos mais ou menos vazios dos dirigentes que entenderam o interesse desses conceitos, mas estão decididos a só se preocupar com o lucro, tornando-se mestres do *greenwashing* e amanhã do *lifewashing*.[10] A mudança se dará quando os próprios

---

[10] *Greenwashing* significa uma falsa preocupação com o meio ambiente; *lifewashing*, uma falsa preocupação com a vida das pessoas. [N.T.]

acionistas não se contentarão com essas mentiras, porque terão compreendido que uma empresa que não se prepara para as crises é um péssimo investimento.

A empresa como um hotel
para aqueles que nela trabalham

Um país deve, para sobreviver, se comportar como um hotel, cujos cidadãos são os empregados e que faz o melhor possível para divulgar ao mundo sua cultura, sua identidade, sua especificidade, e para receber bem aqueles que vêm fazer investimentos, gastar seu dinheiro e trazer suas competências.

Em breve, deveremos dizer a mesma coisa sobre as empresas, e pelas seguintes razões:

O teletrabalho imposto pela pandemia perturbou o modo de organização das empresas, e não retornaremos à situação anterior. Primeiramente porque a pandemia ainda está longe de acabar e que, mesmo que um novo confinamento geral não seja decidido, um bocado de empregados não irá aceitar o risco de voltar ao trabalho em grandes espaços. Em seguida, porque a pandemia deixou claro que uma economia complexa (na qual os serviços representam às vezes até 70% do PIB) pode funcionar amplamente através do teletrabalho. Como eu disse anteriormente, acredita-se mesmo que, em 2035, pelo menos um bilhão de pessoas trabalhará em casa.

Mas, se o teletrabalho se instalar de forma ampla, se ele se generalizar, se os empregados ficarem em tempo integral e por muito tempo fora das empresas, descobriremos que isso é ruim para as empresas (que sofrerão por só dispor de colaboradores mercenários, narcisistas e desleais) e para os empregados (que sofrerão por não ter a oportunidade de sair de casa e se relacionar com os colegas, e que, compreendendo que é mais fácil demiti-los quando estão isolados, se sentirão cada vez mais alheios aos valores da empresa). No total, as empresas nas quais o teletrabalho será demasiadamente generalizado, em todos os níveis da hierarquia, morrerão por não terem sido capazes de manter um espírito comum e um senso comum daquilo que precisa ser defendido.

Portanto, é essencial, para salvar as empresas, fazer duas coisas:

Por um lado, agir de modo que os empregados se sintam ligados a elas. Isso ocorre com a elaboração de valores comuns e de um projeto empresarial, de pelo menos dez anos, suficientemente mobilizador para que os empregados se sintam orgulhosos; isso não pode se resumir a um vago discurso sobre a responsabilidade social da empresa, ou uma simples mudança de status da empresa: conhecemos o conceito de "Empresas B" e de "empresas com missão" que exploram seus empregados para fabricar produtos nocivos para os consumidores.

Por outro lado, agir de maneira que os locais de trabalho, em particular as sedes administrativas, sejam bastante acolhedores para os trabalhadores. Mais precisamente, se quisermos que os empregados sintam vontade de vir trabalhar, os restaurantes da empresa, as salas de reunião e os locais de trabalho deverão se assemelhar àqueles que encontramos nos hotéis onde o convívio é mais agradável.

Isso abrirá um novo campo para a indústria turística, tão devastada pela crise: ela poderá trazer suas competências para renovar as sedes administrativas e os locais de trabalho terciário; e construir novas instalações. Da mesma forma, ela poderá desempenhar um papel nas instalações hospitalares, para acolher de maneira mais agradável os doentes e suas famílias, e na organização das casas de saúde para idosos, que têm, elas também, tudo a ganhar ao se beneficiar de uma real especialização de hotelaria, ou mesmo utilizar os hotéis excedentes.

Servir sem lucrar

Entre as mil coisas demasiadamente negligenciadas que a situação atual faz ressurgir, há as associações e todas as atividades voluntárias. Elas são exercidas sobretudo nas áreas sociais, culturais, esportivas e de lazer. Essenciais durante a crise. Um número importante de empregados contribui com elas. É preciso acrescentar voluntários que nelas trabalham, em sua maioria, em meio período; e também o voluntariado informal, fora de todo o contexto de associações. Sem contar todo o trabalho não remunerado efetuado, essencialmente por mulheres, no seio das famílias.

Com o confinamento e a crise, essas atividades se desenvolveram consideravelmente em toda parte. Os empregados dessas associações e seus voluntários, formais ou informais, nunca foram tão numerosos. Surgiram centenas de iniciativas cidadãs, novas formas de solidariedade e de assistência mútua. Plataformas digitais foram criadas para organizar esse voluntariado a serviço daqueles que se encontram na frente de batalha. Os atos de solidariedade também proliferaram entre as pessoas confinadas; e a serviço daqueles que se encontram ou não confinados. Sob todas as formas: ajuda alimentar, apoio ao emprego, luta contra o isolamento, em particular para as pessoas idosas e os sem-teto. O valor social dessas atividades aumentou consideravelmente. Como se, quando uma crise derruba o PIB mercantil, ela faz nascer simetricamente o PIB não mercantil.

E este é considerável: antes mesmo da crise atual, as organizações sociais representavam na Europa cerca de 10% do emprego, dos quais três quartos na Educação, Saúde e Serviços Sociais.

Na França, existe aproximadamente 1,3 milhões de associações ativas, das quais a metade exerce atividades culturais, esportivas ou de lazer; a cada ano, são criadas entre 60 mil e 75 mil novas associações. Uma pequena quantidade delas (menos de 15%, principalmente no setor social) tem empregados; mais precisamente, 163.400 entre elas empregam 1,8 milhão de pessoas, ou seja, quase 10% dos empregados do setor privado; e é preciso acrescentar os 80 mil jovens em serviço cívico[11] e os 12 milhões de voluntários.

Três outros países são particularmente exemplares:

Nos Países-Baixos, essas associações representam cerca de 12,3% do emprego; o voluntariado adiciona o

---

[11] Criada em 2010, essa iniciativa oferece aos jovens entre 16 e 25 anos a possibilidade de participar de uma missão de interesse comunitário por um período de 6 a 12 meses. [N.T.]

equivalente de 8% do emprego em tempo integral. Elas contribuem com a economia, alcançando 10,2% do PIB. Mais de 70% da população fazem anualmente uma doação a essas organizações, para o qual os fundos públicos seguem sendo a principal fonte de financiamento.

Na Irlanda, o setor emprega 8,8% dos assalariados do país e representa mais de 6% do PIB. O governo e as empresas públicas são suas fontes de financiamento mais importantes: as famílias dão em média 3,75 euros por semana às organizações sociais.

No Canadá, o setor filantrópico contribui com até 8% do PIB do país e emprega em tempo integral 12% da população ativa. Ele é financiado tanto pelas doações de cidadãos (60% dos canadenses fazem uma doação por ano) e pelas empresas quanto por meio de subvenções do governo federal e dos governos locais.

Em todos esses países, as associações desempenham um papel relevante na reação à pandemia; e este setor deve se desenvolver expressivamente. Voltaremos a isso.

Consumir o que vem de muito longe e o que vem de bem perto

A crise conduziu a um desenvolvimento gigantesco do comércio pela internet.

Nos Estados Unidos, as vendas pela internet aumentaram 50% do início de março ao fim de abril de 2020. As vendas de alimentos, particularmente, aumentaram 110%, as de equipamentos eletrônicos em 58% e as de livros em 100%; aquelas referentes às roupas cresceram 34% em abril, as de pijamas em 143%, ao passo que as de paletós caíram 33%. As vendas de álcool pela internet aumentaram 74% em abril. A Instacart, que faz entregas de produtos encomendados a partir do comércio de proximidade, se tornou lucrativa pela primeira vez desde sua fundação em 2012, com sua receita sendo multiplicada por cinco.

Em abril, 7,2 milhões de franceses utilizaram o comércio pela internet, contra os menos de 5 milhões em 5 de janeiro.

Na China, ocorreu o inverso, as encomendas de refeições entregues a domicílio recuaram; pela internet, cresceram apenas as compras de utensílios de cozinha, pijamas e tapetes de ioga; e os agricultores vizinhos das cidades serviram-se do *live streaming* (plataforma para distribuição de vídeos) para valorizar seus produtos junto aos consumidores locais.

Com a crise, todos se conscientizaram também do papel dos comerciantes locais, da importância de apoiá-los, financeiramente, ainda que seus produtos custem mais caro.

Às livrarias de bairro, quando resolveram reabrir ao menos algumas horas por semana, não faltavam encomendas. As plataformas de leitura pela internet conheceram um sucesso crescente: em março, a Youboox, plataforma de leitura em *streaming*, multiplicou por quatro o número de assinantes em relação ao início de 2020; e registrou um salto de acessos superior a 100% durante o confinamento.

E isso vai bem mais longe: para incentivar o pequeno comércio a fazer entregas a domicílio, nós vimos e veremos desenvolverem-se meios de compra virtual bem personalizados, com um vendedor virtual credenciado para cada cliente em cada loja. Os chatbots[12] vão aos poucos retomando a função dos vendedores e conselheiros tradicionais.

Veremos se desenvolver igualmente as compras por voz, que permitirá aos clientes fazer encomendas às lojas de comércio eletrônico utilizando assistentes virtuais. Grandes redes de distribuição, como Walmart, Costco ou Target já se associaram a Google para permitir a seus clientes realizar encomendas de seus produtos por meio da fala.

Nos Estados Unidos, outro modo de consumo conhece um crescimento sem precedentes: o "drive-in". Entre os dias 1º e 20 de abril, as vendas nos drive-in dos Estados Unidos aumentaram 208% em comparação ao mesmo período no ano precedente.

O marketing de influência substituirá cada vez mais os métodos publicitários tradicionais, remunerando os "influenciadores" com um grande número de "seguidores" para fazer publicidade de suas marcas ou produtos.

Os meios de entrega a domicílio vão também sofrer uma revolução nos próximos anos: a entrega por drones testados por diversos distribuidores deverá ganhar em eficácia e se impor no mercado.

Informar de outra maneira

A pandemia veio acompanhada por uma "infodemia".

---

[12] Chatbot é um programa de computador que utiliza inteligência artificial cada vez mais aperfeiçoada para imitar conversas com usuários de várias plataformas e aplicativos, como acontece no Facebook e em sites de comércio eletrônico. [N.T.]

Se a maior parte dos sites de informações sérios viu seu número de acessos explodir, este é também o caso de um bocado de outros, menos sérios. Uma grande parte das mídias dedicou bem mais do que a metade de suas informações à pandemia. Os canais de informação ininterrupta ganharam audiência e perderam receitas publicitárias, daí a concorrência cada vez mais feroz entre eles. Na Grã-Bretanha, a BBC recuperou sua audiência. É o mesmo caso da NHK, no Japão; na França, é o que ocorre com as estações de rádio e os canais de televisão pública.

Vimos médicos competentes debater com outros que não o eram; economistas se envolver em papos de mesa de bar; políticos fazerem prognósticos com uma certeza que nenhum especialista ousa apresentar. Vimos também excelentes jornalistas fazendo seu trabalho e fornecendo análises sensatas sobre fatos confusos.

Com incontáveis mentiras e notícias falsas: segundo um estudo da Fundação Bruno-Kessler baseado na análise de mais de 112 milhões de publicações nas redes sociais relacionadas à pandemia do Covid-19, mais de 40% das mensagens estavam fundadas em fontes não confiáveis. Segundo o COVID-19 Infodemic Observatory, mais de 42% dos tweets relativos à pandemia foram escritos por softwares automáticos (bots, abreviação de *robots*), e cerca de 40% não eram confiáveis. De acordo com uma sondagem do Reuters Institute realizada em seis países, aproximadamente um terço dos utilizadores de redes sociais admite ter sido exposto a desinformação relacionada à pandemia.

As fontes mais sérias não são, infelizmente, as mais acessadas. E a maneira como o presidente Trump distribui contraverdades, sem que isso prejudique sua popularidade, é sinal dos tempos.

Uma nova maneira de usar seu tempo: faça sozinho

No geral, durante esta crise, teremos primeiramente aprendido a levar a sério a única coisa que é realmente rara, que tem verdadeiramente valor: o tempo, o tempo bem utilizado. O tempo da vida cotidiana, que não devemos mais aceitar desperdiçar com atividades fúteis, na agitação e na superficialidade. O da vida pessoal, que devemos poder prolongar dedicando mais meios para a saúde; e que podemos enriquecer, buscando nos tornar nós mesmos, dedicando mais tempo a aprender e a se descobrir. O do trabalho, que devemos querer que seja criativo, e não somente remunerável. O da civilização, enfim, que só poderemos preservar se adotarmos uma atitude bem diferente em relação aos demais seres humanos, aos demais seres vivos contemporâneos e futuros.

Aí ainda, esta terá sido uma ocasião de perceber a extrema injustiça das condições de vida entre aqueles para os quais o confinamento terá sido um momento de serenidade e aqueles para os quais ele terá sido infernal.

Além disso, cada um de nós terá podido aproveitar o tempo para *fazer*, no lugar de comprar. Se as tarefas domésticas continuaram sendo essencialmente um fardo, relegadas às mulheres, muitas pessoas se puseram a cozinhar, fazer música, escrever, pintar, se aplicar em bricolagens. Dedicando-se a não serem apenas espectadores, mas atores.

Numa aceleração de longa tendência, que já registrava dezenas de milhões de pessoas divulgando suas performances nas redes sociais, vimos se multiplicarem os concertos de músicos amadores, publicações de diários íntimos, ensaios sobre mil e um assuntos, desenhos, fotos e cursos de culinária, confeitaria, pintura, física, ioga ou pilates oferecidos por amadores. E, além disso, gente que toca música para si mesma, que cozinha para si mesma, que encontra prazer em si mesma, e não em intercâmbios comerciais.

Esta tendência é profundamente revolucionária. Ela deveria se traduzir numa redução da parte do tempo dedicada à economia mercantil, que é tão importante quanto aquela provocada pelo desenvolvimento da economia das associações. Por sinal, ambas estão relacionadas.

Como se o desenvolvimento alucinado do capitalismo e do artefato, que o subentende, chegasse enfim, através da pandemia, a seus próprios limites.

Vigilância e confiança

Até onde se sabe, o essencial daquilo que nos diz respeito não pode se resumir a uma autoprodução de si mesmo, a uma autarquia narcisista.

O essencial é estar protegido; cada um de nós gostaria de se sentir assim cada vez mais, como pessoa, como consumidor, produtor, cidadão. Ora, a proteção da vida é antes de tudo uma questão coletiva, será preciso então se dotar de meios comuns para organizá-la. A fim de alcançar esse objetivo, dedicaremos menos dinheiro ao seguro contra as consequências da doença e mais aos meios de nos prevenir contra ela.

Em particular, os Estados e as empresas privadas criarão meios cada vez mais eficazes de vigilância do estado de saúde de cada um. Para prevenir e conter as epidemias. A vigilância sempre esteve no centro do poder. A vigilância digital do estado de saúde de cada um pode ser uma ferramenta de ditadura ou de liberdade.

Se os dados são conservados por um poder, eles podem ser um poderoso instrumento de alienação e de censura; isso levará, também, conforme vimos com a gestão chinesa da pandemia, a trágicos erros: como demonstraram todos os totalitarismos, a vigilância, posta a serviço da censura, dificulta o conhecimento daquilo que acontece no país, reforça as fontes de seus erros e acelera sua queda.

Se, ao contrário, cada um se vigiar livremente e resolver o que fazer dos dados que coletou, a vigilância se torna uma ferramenta de liberdade e de confiança: se eu conheço o risco que corro, e se compreendo como posso prejudicar a mim mesmo e aos outros, então posso tomar boas decisões e permitir que os outros façam o mesmo.

De uma maneira mais geral, cada qual tem o interesse, para ser livre, de se conhecer o melhor possível, e assim vigiar a si mesmo. A hipocondria se torna uma dimensão fundadora da liberdade. Da mesma forma, saber o que não se sabe é um pressuposto necessário para uma educação bem-sucedida. Ao mesmo tempo que a educação ajuda a descobrir a extensão de nossa ignorância. A vigilância se torna assim uma ferramenta de confiança, em si e nos outros.

No final das contas, teremos aprendido com esta pandemia que, para ser autêntico assim como para administrar um país, é essencial não mentir para si próprio, não revestir impotência com ideologia. É preciso dizer a verdade, ainda que ela seja feita de ingenuidade.

E a partir daí, extrair uma visão e um projeto.

6

A ECONOMIA DA VIDA

ESTA CRISE REVELOU QUE NOSSO SISTEMA econômico e social não estava preparado para um evento imenso, porém previsível. E que esta pandemia foi bastante agravada, senão mesmo provocada, pelos nossos modos de vida e nosso impacto sobre os ecossistemas.

Assim, surge uma evidência: é preciso questionar de novo com muita profundidade nossos modos de organização, de consumo e de produção. Nossas sociedades devem reorientar sua economia para os setores cujas produções fizeram uma falta cruel, e que descobrimos serem vitais. Primeiramente, os setores necessários para ganhar a batalha contra a pandemia. Em seguida, aqueles cuja necessidade a pandemia nos revelou. Juntos, eles formam o que chamo aqui de a "economia de vida", que precisa ser promovida.

Remédio e vacina

De início, evidentemente, uma urgência mais absoluta e mais óbvia do que todas as demais: os remédios e as vacinas que, somente eles, interromperão esta epidemia.

Para desenvolvê-los, muito esforços estão sendo feitos.

Primeiro, universidades e empresas passam a compartilhar os dados. Por exemplo, a base de dados da Johns Hopkins University, incessantemente atualizada, é utilizada mais de 11 mil vezes por mês. A da C3.ai ainda mais. Algoritmos de propagação da pandemia se multiplicam na Git.Hub e no YouTube. Várias equipes de pesquisadores, das quais uma da Universidade da Califórnia, em São Francisco, elaboram sistemas de visualização do vírus em realidade aumentada. No final de março de 2020, mais de 24 mil documentos acadêmicos haviam sido publicados sobre o assunto; mais de 137 mil no início de junho do mesmo ano.

Em 15 de julho, registraram-se cerca de 200 projetos de desenvolvimento de uma vacina contra a Covid-19. Segundo a OMS, existem 140 vacinas sendo preparadas em estado pré-clínico. Vinte e três vacinas estão sendo testadas: oito na China, três nos Estados Unidos, duas na Alemanha, duas na Índia, duas na Grã-Bretanha, duas na Austrália, uma na Coreia do sul, uma no Japão, uma na Rússia e uma no Canadá. A vacina da Moderna, uma firma americana, vem sendo administrada desde 16 de março a voluntários em Seattle e parece bem promissora; no início de junho, esta empresa declarou que o teste clínico da fase 1 mostrou resultados intermediários positivos. Em 14 de julho de 2020, a Moderna se apresenta como a primeira firma a anunciar o ingresso de sua vacina na fase final de testes clínicos, com um estudo realizado com 30 mil voluntários a partir de 27 de julho. Em meados de março daquele mesmo ano, a vacina do laboratório alemão BioNTech começou a ser testada e, em meados de julho, a empresa anunciou que lançaria um novo teste com 300 pessoas durante o verão. Um laboratório da Universidade de Oxford, que trabalha com a firma AstraZeneca, lançou em meados de junho um teste de sua vacina com cerca de mil voluntários. A equipe que desenvolveu a vacina anunciou a realização de um teste de grande envergadura em 47 mil pessoas na Grã-Bretanha, nos Estados Unidos, no Brasil e na África do Sul. Os candidatos seriam em seguida voluntariamente expostos à doença. A Sanofi, baseada na França e nos Estados Unidos, anunciou testes clínicos para o final do verão de 2020. Em novembro, vários anúncios sobre o desenvolvimento da vacina são feitos pelos laboratórios. Depois dos resultados preliminares publicados alguns dias antes, em 18 de novembro, a fase três dos testes clínicos da vacina elaborada conjuntamente pela Pfizer e pela BioNTech é concluída e as duas empresas informam que sua vacina tem uma eficácia de 95%. Em 20 de novembro, a vacina é submetida à análise da Federal Drug Administration a fim de obter sua aprovação. Em 16 de novembro, a Moderna anuncia que os resultados preliminares dos testes clínicos da fase 3 de sua vacina revelam por ora uma eficácia de 94,5%. Em 23 de novembro, é a vez da Universidade de Oxford e da firma AstraZeneca de anunciarem que, em função do protocolo de administração, sua vacina demonstrou uma eficácia que pode alcançar 90%.

Conforme as vacinas vão sendo aprovadas, bilhões de doses são produzidas. Tudo isso pressagia um debate formidável sobre a ordem de prioridade no acesso a essas vacinas, que deverão se tornar, com o tempo, bens públicos mundiais. A Pfizer e a BioNTech informaram que 1,35 bilhão de doses de sua vacina poderiam ser produzidas até o final do ano de 2021. A Moderna estima que entre 500 milhões e um bilhão de doses de sua vacina poderão ser produzidas anualmente. No caso dessas duas vacinas, de modo a adquirir imunidade, cada paciente deverá receber duas doses. Será portanto necessário que uma quantidade maior de vacinas seja desenvolvida a fim de imunizar toda a população planetária.

Da mesma forma, vários tratamentos têm sido estudados. Seja com remédios existentes, que podem ser úteis agora, ou então remédios novos; inumeráveis polêmicas acompanharam a administração de alguns deles, como a hidroxicloroquina, sem que os estudos tenham sido conclusivos. O mesmo ocorre com novos remédios às vezes decepcionantes, como aqueles desenvolvidos por ora pela Gilead. A startup britânica BenevolentAI utiliza uma plataforma de descoberta de remédios baseada na inteligência artificial para identificar tratamentos contra a Covid-19, o que lhe permitiu reduzir o número de indivíduos em tratamento de 370 candidatos para 6 em três dias. O projeto europeu Discovery, lançado em 22 de março de 2020, que almejava testar quatro tratamentos em mais de três mil pacientes contaminados pela Covid-19, parece ter desacelerado em vários países, devido à falta de um recrutamento correto de pacientes.

De um modo geral, não há recursos suficientes dedicados às pesquisas. A União Europeia e o G20 se uniram para responder a essas necessidades e conseguiram coletar oito bilhões de dólares a fim de financiar o desenvolvimento e a distribuição de vacinas, tratamentos e diagnósticos em escala global. A isso se acrescentam os fundos trazidos por alguns bilionários (Jack Dorsey, fundador do Twitter, vai dedicar um terço de sua fortuna pessoal, ou seja, um bilhão de dólares, e Bill Gates se diz pronto a financiar a produção mundial de vacinas.

É insuficiente: segundo a OMS, para realizar com sucesso e o mais rapidamente possível essas pesquisas, e desenvolver e distribuir seus resultados, seria necessário disponibilizar valores da ordem de 53 bilhões de dólares. O que é pouco, comparado às somas envolvidas para manter na superfície a economia global. Entretanto, não se sabe onde achar esse dinheiro.

Estranha estupefação diante dos desafios do real: soubemos mobilizar meios financeiros, humanos, tecnológicos consideráveis para enviar o homem à Lua. Estamos fazendo o mesmo para chegar a Marte. E agora que a sobrevivência da espécie depende disso, não se faz praticamente nada? Esta devia ser a principal prioridade da economia da vida. Não a única.

Tratar mais, melhor e de modo diferente

As nações e as famílias deverão estar preparadas para dedicar uma parte mais importante de suas rendas à sua própria saúde. Sem a considerar como um encargo, mas ao contrário, reconhecendo-a como uma criação de riquezas.

Elas deverão admitir que o aumento das despesas com a saúde não é uma má notícia, mas a prova de que tomamos cuidado de nós mesmos e dos outros.

As necessidades são imensas: a metade da população mundial ainda não tem acesso aos serviços essenciais de saúde. Uma quantidade maior não tem acesso a uma proteção social adequada para financiá-la. Há uma infinidade de epidemias que não estão controladas; inúmeras doenças ainda são mal compreendidas e incuráveis.

Será preciso dedicar muito mais dinheiro aos equipamentos e às indústrias do setor de saúde para todas as enfermidades. Serão necessários muito mais profissionais enfermeiros, médicos e engenheiros. Será preciso muita gente para rastrear as cadeias de contágio (é na verdade um dos raros setores que criam empregos nos Estados Unidos). Em particular, será preciso mobilizar meios específicos para as pandemias, que por ora ainda são extremamente escassos: máscaras, testes, meios de rastreamento. O mundo todo carece disso; e será necessário que sejam produzidos em toda parte. Em grandes quantidades. Pelas empresas especializadas. Pelas empresas vindas de outros setores. Por pesquisadores vindos de outros lugares: seguindo o exemplo de uma comunidade de biólogos e engenheiros, que desenvolveu entre Harvard e Paris um grupo de trabalho sobre essas questões, sob o nome de "Just One Giant Lab" (apenas um imenso laboratório). Em um mês, mais de 60 mil contribuintes geraram mais de 90 projetos, desde modelos de máscaras até ventiladores com preços baixos, além de aplicativos de diagnóstico; uma mistura extraordinária de talentos incluindo pesquisadores que trabalham em outros setores das multinacionais, e também engenheiros, biólogos e antropólogos.

Por sinal, teremos aprendido no decorrer desta pandemia a utilizar cada vez mais a telemedicina.

Isso favorecerá o desenvolvimento de novas tecnologias, novos equipamentos de saúde, muito mais úteis do que qualquer novo modelo de automóveis, aviões, roupas ou telefones, que têm até hoje mobilizado tantos talentos e dinheiro.

É aliás significativo que nenhuma firma de equipamento médico no mundo seja tão grande e poderosa quanto podem ser as GAFAM: a Medtronic, sediada na Irlanda, primeira empresa de dispositivos médicos no mundo (ela produz especialmente estimuladores cardíacos, desfibriladores, stents, próteses), teve uma receita de 30,6 bilhões de dólares em 2019. Isto é oito vezes inferior à da Apple. Depois, vem a Johnson & Johnson, cuja filial de material farmacêutico e médico (DePuy Synthes) tem uma receita de 27 bilhões de dólares. Finalmente, a General Electric Healthcare (G Healthcare), com receita de 19,78 bilhões de dólares, particularmente com ferramentas de imagens por ressonância. É pouco em relação às receitas das firmas que constituem a GAFAM e muitas outras.

Nesses setores vitais, cada país deverá também tratar de sair da dependência em relação a fornecedores estrangeiros pouco confiáveis. O mundo não deverá mais depender de um único país para qualquer que seja o remédio, máscaras, respiradores, ou qualquer outro equipamento hospitalar. Esses recursos vitais deverão ser fornecidos aos países emergentes pela comunidade internacional, enquanto eles não são capazes de produzi-los sozinhos: esta crise nos terá feito entender que é do interesse de cada um que os outros estejam em boa saúde.

Um programa mundial de desenvolvimento da higiene deveria igualmente ser criado. Será preciso melhorar os mercados atacadistas, as redes de esgoto e a reciclagem dos produtos de higiene, hoje em dia, com frequência feitos de plástico e usados uma só vez. Um estudo de 2012 da OMS demonstrou que cada euro investido na higiene rende cinco euros (reduzindo a quantidade de óbitos prematuros, reduzindo as despesas de tratamento e aumentando a produtividade). Outro estudo efetuado pela Unicef na China revela que a distribuição de sabão nas escolas primárias reduziria à metade o absenteísmo dos alunos. Nessa questão, muitas regras deverão ser reforçadas e se tornar globais. Nesse campo, será necessária uma maior globalização, não menor.

De modo mais abrangente, será preciso fazer muito mais esforços em matéria de prevenção. E isso envolve particularmente a alimentação.

O alimento como nova forma de conversa

A alimentação esteve presente em todas as etapas desta crise:

Em primeiro lugar, não resta dúvidas de que foi a partir de um animal vedado ao consumo humano que esta pandemia começou.[13] Na verdade, 60% das doenças

---

[13] Em 23 de maio de 2021, o *The Wall Street Journal* revelou que três pesquisadores do Instituto de Virologia de Wuhan foram

infecciosas e 75% das doenças emergentes que afetam o homem estão associadas ao consumo de ou ao convívio com animais. É o caso do SRAS, do HIV, do sarampo e de várias gripes. A pecuária industrial, o confinamento dos animais e a ausência de higiene nos abatedouros e mercados favorecem o desenvolvimento de bactérias multirresistentes. Os abatedouros são locais especialmente sensíveis a esses riscos. Em geral, não há saúde do ser humano sem que haja saúde no mundo animal. E isso, sem dúvida, ajudará a convencer que é preciso consumir muito menos carne.

Em seguida, os pacientes contaminados pela Covid-19 que estão acima do peso desenvolvem estatisticamente formas muito severas da doença. Mesmo excetuando-se esta pandemia, o sobrepeso provoca um bocado de enfermidades, e uma alimentação sadia é a primeira das prevenções. Será então necessário consumir a menor quantidade possível de açúcar: jejuar com frequência, comer lentamente e pouco. Alguns maus hábitos adotados durante o confinamento (comer sozinho, beliscar sem parar, sem praticar esportes) deverão desaparecer.

---

hospitalizados, em novembro de 2019, com sintomas compatíveis com a Covid-19, mas também com a gripe comum sazonal. Com isso, a possibilidade de que o SARS-CoV-2 tenha vazado de um laboratório em Wuhan vem ganhando atenção, a ponto de o presidente dos Estados Unidos, Joe Biden, requisitar que suas agências de inteligência redobrem os esforços no sentido de determinar a gênese do surto de Covid-19. A hipótese da contaminação através do consumo de um animal silvestre ainda é, contudo, a mais amplamente aceita pela comunidade científica. [N.E.]

Será preciso continuar a aprender a comer de modo saudável, consumir o máximo possível de produções agrícolas e de pesca locais, o que interessa tanto aos produtores quanto aos consumidores. Para alcançar esse objetivo em condições econômicas razoáveis, os consumidores já se reúnem para comprar diretamente, sem comerciantes intermediários, dos pequenos produtores de qualidade. O confinamento só terá acelerado a lenta evolução neste sentido.

A refeição deve continuar sendo uma ocasião para conversar, ainda que seja preciso se acostumar a comer afastado uns dos outros. Para isso, será necessário repensar radicalmente a mobília dos apartamentos, cantinas, restaurantes. Não se trata obrigatoriamente de algo ruim: nada há de mais desagradável do que se encontrar, dentro de um restaurante, com mesas próximas demais, apertado contra vizinhos desconhecidos.

Alguns restaurantes na Espanha, Itália e França instalaram paredes transparentes entre as mesas; em Amsterdã, o restaurante vegano Mediamatic ETEN acolhe seus clientes em cabines de vidro contendo uma mesa para três pessoas.

Os restaurantes também começaram a desenvolver serviços de refeições para viagem. O célebre bar de Singapura The Old Man Singapore elaborou um sistema de venda para viagem de alguns de seus coquetéis, disponíveis em menos de 15 minutos. Isso será fácil para as grandes redes de fast-food que dispuserem de um sistema de drive-in eficaz. Também será fácil para os grandes restaurantes. Os outros terão de se associar a empresas de entrega a domicílio e, em seguida, poderão criar mais facilmente franquias em outras cidades.

Na Europa, em particular, uma nova política agrícola comum deverá alçar à condição de prioridade absoluta a saúde dos solos, o compartilhamento do valor agregado e o fim do desperdício alimentar. Mas estamos longe disso.

Deve-se fazer tudo também, nos países emergentes, para que eles recuperem sua autonomia ancestral, recuperando antigas culturas, formando melhor os camponeses e lhes transferindo a propriedade das terras que cultivam.

Um habitat afastado

A epidemia deu uma nova roupagem a uma velha ideia: a cidade é perigosa para a saúde de seus habitantes. Foi exatamente em Milão, Madri, Nova York e São Paulo que a Covid-19 mais matou. E como as pandemias dos séculos passados pressionaram para que fossem modificados os planos das cidades a fim de eliminar a sujeira, a crise atual também provocará uma profunda transformação da paisagem urbana, para pôr fim à superlotação.

Os citadinos, na verdade, aproveitarão esta crise para abandonar as megalópoles que se tornaram excessivamente caras e asfixiantes. Não apenas, como durante o confinamento, de modo provisório, mas de uma maneira definitiva.

Nas cidades grandes, a tendência será buscar habitats mais afastados, considerando que parece comprovado que o vírus se difunde mais facilmente em ambientes fechados, e quando várias pessoas dividem o mesmo cômodo. Com muito mais espaços verdes, calçadas largas, ciclovias. Os veículos individuais e os transportes em comum serão muito menos usados, o que será facilitado pelo crescimento do trabalho à distância. Paris, como tantas outras cidades, já desenvolveu durante estes últimos meses suas ciclovias. Bogotá implementou 117 quilômetros de ciclovias provisórias. Provisoriamente provisórias. Os estacionamentos, com menor aglomeração de carros, poderão servir como áreas de entrega para o comércio remoto. A velocidade limite dos carros será ainda mais reduzida: Bruxelas a reduziu a 20 quilômetros por hora no centro da cidade. Nos locais frequentados pelos pedestres, serão adotados sentidos de circulação únicos, a exemplo do que faz a Ikea em suas lojas.

Os habitantes das grandes cidades se mudarão para as pequenas cidades, onde o congestionamento é menor. Neste ponto também o teletrabalho, cujo potencial foi descoberto durante a pandemia, tornará mais fácil esta migração. Os profissionais do setor imobiliário constatam que, desde maio de 2020, em toda a Europa, houve uma alta na procura de casas de campo e uma baixa nas demandas de apartamentos nas cidades.

O mesmo vale para o setor imobiliário comercial. E nessa área, a pandemia fará acelerar ainda mais uma tendência já em movimento: as grandes lojas e os centros comerciais perderão um bocado de sentido; alguns deverão se converter. Trata-se de um dos maiores desafios nos meses e anos que temos pela frente.

Os prédios, e em prioridade os prédios acessíveis ao público, deverão oferecer todas as garantias de proteção contra a transmissão de micróbios: os que já existem deverão se tornar antibacterianos e de fácil conservação; as portas deverão abrir sem contato; o fluxo de pessoas, cujas temperaturas corporais serão controladas, deverá se dar num sentido único; máscaras e soluções hidroalcoólicas estarão fartamente disponíveis; os banheiros serão saneados automaticamente e o ar ambiente purificado. Os que vierem a ser construídos no futuro deverão ser alimentados por uma energia sem carbono. Finalmente, esses prédios deverão poder se transformar rapidamente, em caso de crise: uma sala polivalente deve poder se tornar um hospital de campanha; um resort de férias deve estar em condição de servir como centro de quarentena.

Muitas empresas deixarão as grandes cidades e instalarão suas sedes administrativas em centros menores. Este já é o caso de várias delas: Uber se transferiu para Dallas, Lyft para Nashville, Apple para Austin. Já faz alguns anos, diversas cidades europeias de porte médio, tais como Bratislava, Lisboa, Edimburgo, Vilnius ou Cracóvia atraem empresários do setor tecnológico em função de seus aluguéis razoáveis e da qualidade de vida que se pode encontrar nesses lugares, assim como em razão do tecido empresarial que se desenvolve localmente. Assim, em Bratislava, se instalaram mais de uma centena de startups tecnológicas de classificação Inc. 5000 Europe, particularmente nos setores digitais e de transporte; Elon Musk pretende implantar ali sua tecnologia "Hyperloop" e estendê-la até Viena. Em 2018, Google e Uber abriram escritórios em Vilnius; Cracóvia acolhe polos de desenvolvimento de grandes empresas globais, como IBM, UBS e Capgemini; Bucareste, capital de uma das economias mais dinâmicas da Europa, tornou-se igualmente um destino popular no mundo da alta tecnologia; lá encontramos jovens recém-formados com boas competências linguísticas e aluguéis que equivalem à metade dos praticados em Berlim, Londres ou Paris. Em 2017, a sociedade americana Fitbit, especializada nos relógios utilizados pelos aplicativos de saúde, adquiriu a empresa romena Vector Watch, que produz relógios inteligentes de altíssima qualidade.

Para começar, a formação

Por toda parte, serão necessários muitos professores, com melhor formação, durante toda a carreira, e com melhores salários.

Como ocorre com o setor da saúde, será preciso reconhecer que quanto mais (e melhor) se gasta em termos de educação, melhor é o desempenho do país. A educação deverá ser permanente, prática, concreta. Ninguém mais deverá ignorar o digital, a ecologia, o social. E principalmente ninguém deverá ignorar as profissões insubstituíveis, como as do artesanato, enquanto as do setor digital estarão sempre ameaçadas de ser substituídas, por conta do progresso técnico, por outras profissões do digital. Será necessário reconverter dezenas de milhões de pessoas. E lhes fornecer meios de entender de imediato que suas profissões vão desaparecer, dando-lhes meios de se formarem nessas novas atividades. Tornarem-se si mesmos.

Haverá muitas lições a extrair do ensino em confinamento, a fim de não deixar para trás os alunos que não podem ser acompanhados pelos seus pais. Os professores terão de receber formação para essas novas competências. O trabalho em grupo de alunos separados fisicamente deverá ser desenvolvido.

A arquitetura da escola deverá levar em conta esses riscos. Como todo local público, a escola deverá ser muito exigente na proteção dos alunos e dos professores em suas atividades. Toda a pedagogia deverá se inspirar no que já é feito nos aplicativos de ensino à distância, como a Khan Academy. São possibilidades excitantes para o futuro.

Pensemos nessa juventude, antes que seja tarde demais

Desde o desencadeamento da crise, quase todas as universidades e estabelecimentos de ensino superior no mundo fecharam suas portas; e a maioria ainda levará um bom tempo para reabrir. Como em tantas outras áreas, ainda não conseguimos avaliar as imensas consequências do que está em jogo neste momento.

Alguns desses estabelecimentos, raríssimos, pretendem reabrir plenamente, respeitando as regras de distanciamento social: é o caso das universidades do estado indiano do Sikkim, de Singapura ou da província chinesa de Hubei; os estudantes e os professores são obrigados a ocupar locais designados, inclusive nas salas de aula e nas cantinas.

Outros não abrirão de forma alguma e darão todas as aulas pela internet. Isso pelo menos até o final do verão de 2020 na Alemanha; até o final do semestre de outono na Universidade de Manchester e em 23 *campi* da

Universidade da Califórnia, o maior complexo universitário dos Estados Unidos; e pelo menos até 2021 na Universidade de Cambridge, no Reino Unido.

Outros escolheram soluções mistas, mantendo unicamente no modo presencial as matérias que exigem trabalho prático, acesso aos laboratórios, às bibliotecas e aos arquivos. Na Índia, as universidades deverão ensinar 25% do programa online e o restante no modo presencial. Na Coreia do Sul, a maioria dos cursos é realizada pela internet.

Outras universidades se contentam por ora em adiar a volta às aulas, evitando assim tomar decisões: na Alemanha, o semestre de outono começará em novembro de 2020 e não em outubro; e talvez mais tarde. A Aberdeen University, no Reino Unido, e Sciences Po, na França, também resolveram adiar a volta às aulas, por pelo menos duas semanas.

Mesmo se, não nos custa crer, isso tudo não durar ainda mais e se limitar a um ano, as consequências serão vertiginosas:

Vejamos primeiramente o que o ensino tem a perder com professores absolutamente despreparados para esse tipo de pedagogia, sem a possibilidade de interagir com seu auditório, e tampouco dispor dos contatos extraclasses, tão essenciais para ajustar o ensino ao nível real e às expectativas de seus estudantes. Ainda que isso dure somente um ano, ou menos, os danos serão gigantescos. E se perdurar, quem há de querer ainda se entregar a esse tipo de profissão, se é para desempenhá-la de um modo tão impessoal?

Vemos também que os estudantes têm muito a perder: menos sociabilização, menos aprendizado da vida em comum, de trabalhos em grupo, relações com os professores, a vida associativa, esportiva, sindical e política. Estamos preparados para responder a essas novas necessidades dos estudantes? Já estabelecemos o financiamento necessário para compensar o fechamento dos restaurantes universitários? Os estudantes virão morar nos quartinhos das residências universitárias se não tiverem a oportunidade de aproveitar as vantagens dos *campi*? Continuaremos a lhes ensinar a participar da sociedade que nos trouxe a este desastre? Os mais privilegiados serão os únicos a dispor de meios para se tornarem si mesmos? Iremos prepará-los para as profissões do futuro, as da economia da vida? Aí também, mesmo que isso não dure muito mais de um ano, o desastre será fenomenal.

Finalmente, professores e estudantes receberão computadores e conexões banda larga necessários para dar e assistir com conforto as videoaulas em modo simultâneo?

No final das contas, nessa área como em tantas outras, os mais frágeis, os mais pobres, os mais desamparados serão as vítimas. Os privilégios dos filhos de ricos, e de países ricos, serão maiores do que nunca. E aí também surgirão ocasiões de cólera, raiva e revolução.

Ao contrário, vejamos também o que o conjunto do mundo universitário pode ganhar, ao se tornar enfim o verdadeiro sistema de formação ao longo de toda a vida, tal qual precisamos; fazendo com que os cursos dos melhores professores do mundo, nas áreas de estudos sobre o futuro assim como de humanidades e história, sejam acessíveis a todos. Verdadeiramente a todos. Concentrando o ensino presencial aos cursos com pequenos grupos de alunos.

Para ter êxito, é preciso iniciar o mais rápido possível um imenso canteiro de obras planetário e, em particular, preparar os professores a ensinar desse modo. Para as pandemias, existe a OMS, que fracassou; para a educação, existe a Unesco, cuja missão, apaixonante, deveria ser ajudada através de um estabelecimento das melhores práticas a preparar essa fantástica mutação, para executar uma mudança duradoura e positiva.

Seria preciso também, de modo mais prosaico, que ninguém, dentro do mundo universitário, tire longas férias neste verão; e que os Estados contribuam com os recursos necessários.

Cultivar-se e se distrair à distância

A cultura e o entretenimento estiveram mais do que nunca presentes na vida das pessoas confinadas. Chegaram mesmo a revelar dimensões fundamentais da gestão da pandemia. O que será feito deles depois? Como poderemos organizar sua sobrevivência, caso o distanciamento continue necessário?

O esporte, especialmente o futebol, nos oferece um primeiro exemplo bem particular. E bastante exemplar.

Falar de futebol pode parecer um assunto fútil, em meio aos momentos graves que vivemos. Entretanto, esse esporte tão popular sempre foi um espelho dos desafios do mundo, uma atividade econômica importante, e uma das raríssimas atividades cujas regras são adotadas em escala global, e vigoram da mesma maneira no maior clube profissional inglês e no menor time de amadores do Senegal. Assim sendo, o modo como ele evoluiu durante essa pandemia nos diz muito daquilo que espera não somente o resto do espetáculo ao vivo, mas também o resto de nossas sociedades.

Se a pandemia desaparecer totalmente, e bem rápido, retornaremos, em dois anos, no melhor dos casos, à situação anterior e esqueceremos tudo o que aconteceu. Infelizmente, isso é bem improvável.

Se ela demorar a desaparecer, e se mantivermos as medidas de distanciamento atuais, os pequenos times, amadores ou profissionais, terão imensas dificuldades para sobreviver, devido à carência de mensalidades dos sócios, de subvenções da coletividade locais e dos mecenas.

É difícil de entender, por sinal, como podem os jogadores de futebol tocarem-se uns aos outros se é proibido para os torcedores fazer o mesmo. Um grupo de associações de torcedores europeias chegou a manifestar-se pela manutenção do fechamento dos estádios até que os torcedores voltem a ter acesso a eles. Isso vale igualmente para os grandes times.

Desse esporte sobrarão apenas os grandes times, que parecem determinados em buscar um modelo econômico para continuar jogando. Mesmo sem torcida.

Só lhes restarão praticamente os direitos de retransmissão pela TV, que poderão ser somente retransmissões diante de estádios quase vazios. Os grandes clubes profissionais, como as mídias que os divulgam, cuja sobrevivência depende disso, caminham nessa direção.

Mas ainda será preciso que isso seja atrativo. Para tanto, microfones e câmeras deverão se aproximar mais dos jogadores, que ouviremos, como ouviremos o barulho da bola. Os telespectadores virtuais serão inundados de estatísticas. É o que já fazem SKY e a Bundesliga (campeonato nacional alemão) desde 17 de maio de 2020, na Alemanha. Espectadores virtuais aplaudirão em diversas fases do jogo; se for possível, se o tempo de resposta puder ser rapidíssimo, esses aplausos gravados serão acionados e calibrados a partir das reações online dos telespectadores. Será necessário evitar a aglomeração dos torcedores em áreas externas do estádio para aplaudir, algo que levaria apenas a criar novos focos de contaminação, como foi o caso com o PSG em Paris.

Essas mutações tornarão o futebol um esporte muito mais próximo dos videogames, que são justamente os principais concorrentes dos canais esportivos. Com certeza, o consumidor não vai querer pagar uma assinatura para assistir jogadores reais jogando num estádio vazio (e em breve, dentro dos estádios sem arquibancadas, inúteis), com espectadores virtuais; ele vai preferir entrar pessoalmente no jogo, animando com o controle remoto jogadores de um realismo cada vez mais desconcertante, representando os mesmos jogadores.

Dito de outro modo, se o direito de todos de jogar e de assistir a seu espetáculo voltar, o futebol retornará a seu modo de funcionamento atual. E se esse direito não voltar, se o futebol não puder mais ser um esporte de domingo para bilhões de admiradores, ele acabará desaparecendo, sendo substituído por videogames mais verdadeiros do que a realidade.

O que isso nos diz? Que há um grande risco de ver o mundo continuar adernando do que é vivo para o que é artefato. Que a fronteira entre um e outro é cada vez mais ínfima. Será preciso então se lembrar de que uma das primeiras pandemias maciças da era moderna se desenvolveu em 2005, entre os personagens de um famoso videogame? *World of Warcraft*. Voltaremos a isso.

Isso nos revela também um bocado sobre o resto da cultura, e do espetáculo ao vivo. Primeiramente, seria necessário, o mais rápido possível, organizar seu retorno durante o distanciamento social: os concertos terão menos plateia. Para isso, os estádios desertados pelos jogadores poderão servir de sala de concerto, com espectadores mais afastados. O distanciamento se tornará também uma restrição particular para o teatro. Cabe aos Estados estabelecer regras, como fazem para as escolas, os canteiros de obra ou os restaurantes. O custo de acesso à cultura corre o risco de aumentar.

A exemplo do futebol, deverão ser organizados concertos ou peças teatrais virtuais abertos aos espectadores que pagaram por isso. Sem sair de casa, um violonista ou um ator deverá poder apresentar um recital em outro canto do mundo e ser remunerado por isso. Uma trupe ou uma orquestra deverão poder fazer o mesmo. Isso completará as receitas das salas de espetáculo através da difusão ao vivo numa rede específica. Neste caso, isso reduzirá o custo de acesso à cultura. Certos modelos desse tipo estão em preparação.

Podemos finalmente imaginar a mesma evolução que houve no futebol: as pessoas acabarão preferindo fazer elas mesmos músicas ou filmes, se colocando em cena dentro de situações pré-estabelecidas, como já o permitem os videogames, que tomarão assim o lugar do cinema. Para elas mesmas, mais que para os outros, uma evolução vertiginosa na direção de um maior narcisismo digital.

Os setores e as empresas que o mercado recomenda

Além da saúde, da alimentação, da habitação e da cultura, quais serão os setores de crescimento promissor, ao sairmos desta pandemia?

Se observarmos o que predizem as Bolsas hoje, os setores de futuro são os de entretenimento, médico, grande distribuição, alimentação, comércio eletrônico e digital. Wall Street os reúne num só índice, chamado de "Stay at Home", onde encontramos, ao lado da Netflix, 33 empresas diretamente beneficiárias desta crise, tão diversas quanto Activision Blizzard, Slack, *The New York Times*, Sonos, Amazon, Alibaba, Campbell Soup, Central Garden & Pet e Tesla. Podemos acrescentar as que se destacaram na Bolsa: Citrix Systems (soluções de colaboração virtual para o teletrabalho); Zoom (videoconferência online); Illumina (sequenciação, genótipo e expressão genética); Biomarin Pharmaceuticals (biotecnologia); NetEase (jogos online); Take-Two Interactive (distribuição de videogames); Electronic Arts (videogames); Cisco (material de rede para Internet e servidores) Infineon Technologies (semicondutores e chips); Walmart (grande distribuição); JD.com (plataforma de comércio eletrônico controlada pela Tencent); Jumia (a principal plataforma de comércio eletrônico africana); Ebay (comércio eletrônico).

Para além dos mercados: a economia da vida

Excetuando os setores que os mercados reconhecem como vencedores nesta crise, as necessidades que ela ressaltou, evocadas ao longo das páginas precedentes, formam o que eu reúno aqui sob o nome de "economia da vida". Esta economia agrupa todos os setores que, de um modo ou de outro, de perto ou de longe, se colocam como missão permitir que todos vivam bem.

Eles são numerosos: saúde, prevenção, higiene, esporte, cultura, infraestruturas urbanas, habitação, alimentação, agricultura, proteção dos territórios, mas também: o funcionamento da democracia, segurança, defesa, gestão dos lixos, reciclagem, distribuição de água, energia limpa, ecologia e proteção da biodiversidade, educação, pesquisa, inovação, digital, comércio, logística, transportes de mercadorias, transporte públicos, informação e mídias, seguro, poupança e crédito.

Se, até recentemente, esses setores eram feitos principalmente de serviços, e portanto não apresentavam grande potencial de crescimento (que só vem com o aumento da produtividade decorrente da industrialização), esses setores são feitos, também e cada vez mais, de empresas industriais, capazes de inovar e aumentar sua produtividade, especialmente graças à digitalização, e assim melhorar sem cessar sua capacidade de cumprir suas missões. Em particular, no setor tão crucial da educação, da qual depende todo o resto.

Esses setores estão ligados uns aos outros: a saúde supõe a higiene e o digital, que é também útil à educação; a alimentação supõe a agricultura, que supõe o planejamento territorial e a reestruturação do comércio; e nada será duradouro, em nenhuma dessas áreas, sem a pesquisa, a segurança e a democracia.

A economia da vida diz respeito principalmente aos setores nos quais as mulheres fazem o essencial do trabalho, fora do confinamento ou confinadas. Ela pode então ser vital para restabelecer a igualdade das carreiras profissionais, cuja urgência o confinamento demonstrou, sem, contudo, criar condições para seu aperfeiçoamento.

Enfim, a economia da vida é mais capaz do que qualquer outra de assegurar a luta contra as mudanças climáticas e a proteção do meio ambiente.

Hoje em dia, esses setores representam, segundo o país, entre 40% e 70% do PIB; e entre 40% e 70% do emprego. Eles representam cerca de 58% do PIB nos Estados Unidos, 56% na União Europeia e 51% no Japão. São essas as taxas que precisam mudar para alcançar 80%. O desenvolvimento desses setores será a melhor maneira, e a mais rápida, de sair da longa recessão que começa agora.

Para isso, é preciso que as famílias gastem uma parte mais importante de seu orçamento para se tratar, alimentar, formar, cultivar, morar; que os empregadores aumentem a remuneração e o status social daqueles que trabalham nesses setores; que os bancos, os acionistas e o Estado apoiem com prioridade as empresas, grandes e pequenas, desses setores.

Em todas essas áreas, nenhum país deve se encontrar em situação de excessiva dependência de outros países. Será preciso se empenhar para alcançar uma forma de autonomia, seja em âmbito nacional ou, na Europa, no âmbito da União Europeia.

Converter os setores

É igualmente no sentido da economia da vida que se faz necessário orientar as empresas de outros setores que hoje aguardam, em vão, na minha opinião, o retorno quimérico de seus mercados na forma idêntica: as empresas automobilísticas, aeronáuticas, de máquinas e ferramentas, aquelas da moda, da química, do plástico, da energia a carbono, do luxo, do turismo não voltarão a ver seus mercados de outrora. Mesmo se uma vacina ou um remédio fosse encontrado agora,[14] ou se a pandemia desaparecesse por si só, seriam necessários ao menos dois anos para que tudo volte ao equilíbrio; enquanto isso, várias dessas empresas morrerão. E os consumidores desejarão outra coisa.

No entanto, essas empresas não estão condenadas: ainda é preciso que seus dirigentes, e seus sindicatos, se mobilizem para descobrir outros modos de entregar o mesmo serviço, ou entregar outros, dentro dos setores da economia da vida. Todas têm competência para conseguir, se estiverem dispostas a ousar e se repensar totalmente.

A indústria aeronáutica não poderá sobreviver se ela não se reorientar. Por um bom tempo, nós não precisaremos de todos os aviões à espera de serem encomendados ou entregues. Essas empresas possuem imensa competência, que podem colocar a serviço de um ou vários setores da economia da vida, em particular o de equipamentos médicos. As companhias aéreas vão sofrer bastante. Em maio de 2020, a Air Canada anunciou uma redução de seus efetivos

---

[14] Ver Nota do editor, p. 13.

de 50% a 60%, a Qatar Airways de 20%. No início de julho, é a vez da United Airlines de estimar que 45% de seus empregados poderiam perder seus empregos. Algumas já estão tentando, antes mesmo de voltar a decolar, encontrar soluções. Por exemplo, a companhia aérea Emirates, dos Emirados Árabes, começou a testar seus passageiros e lhes impor uma quarentena de dois a três dias antes da viagem. Mas nenhuma empresa poderá sobreviver se tiver somente quatro passageiros ocupando 26 assentos. As companhias de baixo custo, principalmente, desaparecerão.

Será preciso então utilizar muito menos o avião para o trabalho, e isso é possível, conforme vimos durante o confinamento; assim como outros meios de transporte para o turismo.

É preciso salvar o soldado do turismo

O turismo representa mais de 330 milhões de empregos no mundo todo, e seu peso é superior a 10% do PIB global. No período 2015-2020, a cada quatro empregos criados no mundo, um estava ligado ao setor turístico. O turismo europeu representa 51% do turismo mundial, e a indústria turística 10% do PIB europeu. Em certos países, esse índice pode atingir 30% ou 50% do PIB. Isso demonstra a importância gigantesca desse setor.

Por causa da pandemia, a quantidade de turistas internacionais recuou 57% em março de 2020, em comparação a 2019; mais de cem milhões de empregos estão assim ameaçados de desaparecimento. Indiretamente, isso afetará também a agricultura, o artesanato e diversos outros setores.

Abandonar esse setor à própria sorte, mesmo se os demais setores se recuperarem, bastaria para impedir o mundo de sair de uma recessão muito profunda e muito duradoura. É portanto impensável: é preciso salvar o turismo a qualquer preço.

Para tanto, ele precisará se reorganizar.

Primeiramente, já estava evidente que um bilhão de turistas não poderiam viajar todos os anos para a Ilha de Páscoa. E que seria preciso, um dia, racionar o acesso aos locais mais visitados. Será necessário admitir que um destino turístico só é economicamente viável e duradouro quando ele o for ecologicamente, culturalmente e socialmente. Com a pandemia, as cidades turísticas descobriram o mal que lhes faziam visitantes muito numerosos. O turismo se tornou um inimigo do meio ambiente. E não unicamente por conta do consumo de energia que ele exige. Com uma população de 260 mil habitantes, Veneza acolhe aproximadamente 30 milhões de turistas anualmente, o equivalente a 115 vezes sua população; a cidade havia se tornado um hotel gigantesco da qual os moradores tiveram que partir por falta de habitação acessível e falta de empregos em todos os outros setores, exceto no de turismo.

Veneza, como outros destinos do mesmo gênero, deverá portanto acolher muito menos turistas. Sem dúvida será preciso, como a caverna de Lascaux, imaginar um meio de construir réplicas convincentes nas proximidades, como já começaram a fazer nos Estados Unidos e na China.

O turismo de proximidade vai se desenvolver. Na China, o turismo interno se recuperou rapidamente, tão logo a epidemia foi controlada: 115 milhões de turistas chineses viajaram dentro do país durante os cinco dias de feriado em torno do dia 1º de maio de 2020.

Os grandes complexos hoteleiros, os resorts, os campings, onde a proximidade e a concentração dos turistas poderiam favorecer as contaminações, não serão mais a escolha de seus antigos clientes. A norma se tornará os complexos com mais ou menos 50 acomodações.

Alguns desses hotéis existentes poderão se tornar, uma vez reformados, residências duradouras para os aposentados dos países do Norte, que desejarão passar o inverno ao sol, acostumados agora a se comunicar com suas famílias por meios virtuais. Isso poderá ajudar a sobreviver as instalações turísticas na Espanha, Portugal, Itália, Grécia, Suíça, os países do litoral Adriático e numa parte importante da França.

Os hotéis de luxo se reorientarão também para a saúde. Alguns já evitaram um fechamento obrigatório graças a ofertas do tipo "promoção quarentena" com suítes "confinamento especial". Em caso de pandemia, um número enorme de quartos de hotel é e será utilizado imediatamente para organizar um distanciamento sério dos familiares dos contaminados durante pelo menos 15 dias. Isso representará uma receita significativa. Em Hong Kong, o hotel Park Lane oferece "pacotes de quarentena" por 1.600 dólares, dedicando andares inteiros às pessoas em quarentena. A rede hoteleira suíça "Le Bijou" propôs longas estadias (duas semanas ou mais) aos clientes que desejassem se autoconfinar em estúdios e suítes previamente desinfetados, onde o contato com os funcionários é inteiramente evitado e onde os serviços são digitalizados; uma parceria com uma clínica particular permite aos clientes acesso a tratamentos completos em caso de necessidade e a exames de detecção do coronavírus. Na Austrália, o Novel Sydney Brighton Beach permaneceu aberto com um sistema de esterilização e distanciamento social avançado. A segurança e a ausência de riscos de contágio se tornarão o verdadeiro valor agregado desses espaços, além dos serviços de luxo, de saúde e spa.

Por sinal, a crise mostrou que havia uma enorme carência de habitação perto dos hospitais para as famílias dos doentes; e que os estabelecimentos que acolhem a terceira idade são de qualidade por vezes lastimável comparada à qualidade de serviço que pode oferecer a indústria hoteleira. Estas são algumas pistas de evolução promissora para o setor de hotelaria e de turismo.

Por fim, o turismo deverá se tornar um local e um momento de educação ecológica. Um bocado de redes de hotéis já entendeu isso. Tudo isso levará tempo; para ir em frente enquanto essas mutações se concretizam, será preciso haver importantes auxílios de fundos públicos. É uma questão de suma importância para os Estados: eles não podem deixar morrer uma atividade tão estratégica que estrutura os territórios.

A menos que se prefira deixar a pandemia desaparecer para que se possa cometer outra vez os erros de outrora, até a próxima...

A economia da vida, motor de um desenvolvimento positivo do meio ambiente

Todos esses setores excluídos da economia da vida são os piores inimigos do meio ambiente: automóvel, aviação, química, plástico e muitos outros. Mas, ao se reconverterem, eles encontrarão um lugar na economia da vida.

Seus setores são atores importantes para o meio ambiente e para a limitação da mudança climática. Eles são também os mais econômicos em energia carbonada.

Particularmente, a proteção da biodiversidade faz parte da economia da vida. Ela é essencial para represar a propagação de epidemias: o desflorestamento e a redução do território das espécies selvagens aumentam de fato o risco de propagação de doenças. Mecanismos jurídicos, ligados ao planejamento dos territórios, deverão permitir a preservação da biodiversidade, um tratamento digno dos animais, o desenvolvimento concreto da agricultura biológica e a luta contra a artificialização do solo.

7

E DEPOIS?

MUITAS PESSOAS SAIRÃO de tudo isso com um desejo frenético de voltar ao mundo de antes. E é possível compreendê-las: inúmeros são aqueles que desejarão voltar para um mundo onde eles não eram vigiados nem infantilizados. Aqueles que perderam seu emprego, seu comércio, sua oficina, sonharão em reencontrar seu modo e seu nível de vida anteriores. Vão querer comprar o carro dos seus sonhos. Aqueles que adoram viajar vão querer realizar seus desejos e visitar todos os lugares do mundo. Muitos dirigentes de empresas, acreditando ver o fim do pânico que ditou o essencial de suas ações, desejarão recuperar os níveis de produção e de lucro, sem no entanto recrutar novos colaboradores, nem produzir outra coisa e de outra maneira; muitos dirigentes políticos vão desejar reencontrar sua popularidade anterior, enquanto tentam preservar seus poderes, que deveriam ser provisórios, concedidos pelo estado de emergência.

No sentido inverso, algumas pessoas sairão desse confinamento com saudades: aqueles que trabalhavam no seu próprio ritmo, amantes da solidão, apreciadores dessa pausa numa vida acelerada. Privilegiados porque sua remuneração, ou sua aposentadoria, não foi contestada.

Vários outros, tendo vivido o confinamento como um inferno, desejarão encontrar outras pessoas com quem conversar, outros amigos, outros espaços, outros amores.

Diversas profissões não farão mais sentido, e dezenas de milhões de pessoas, brutalmente jogadas no desemprego, precisarão se reinventar. Muitas nações terão sido demasiadamente afetadas para esperar reencontrar bem rápido seu nível de vida anterior, a menos que mudem sua organização de modo radical. Muitas democracias terão sido tão profundamente danificadas por esta provação que poderiam desaparecer, a menos que inventem o que chamarei mais adiante de uma "democracia de combate".

Querer voltar ao mesmo é condenar a si mesmo a sofrer ainda mais gravemente o próximo incidente importante que se abaterá sobre a humanidade. Não se trata de se preparar para a próxima pandemia, ou o próximo drama climático. Trata-se de condenar definitivamente a democracia, que não se reerguerá de um novo ataque contra seus princípios e suas práticas.

Porque haverá outras pandemias, outros choques de natureza diferente, com a mesma amplidão. E piores. Várias outras. Que poderiam provocar o desmoronamento de nossas economias, nossas liberdades e nossas civilizações.

Será necessário, a fim de prevê-las e combatê-las, utilizar todas as armas da imaginação, bem mais do que aquelas da previsão.

Será preciso não apenas tirar lições do passado e se preparar para a volta do mesmo, mas também estar pronto para o inesperado. E para isso, a análise das formas da loucura será bem mais importante do que aquela das contabilidades; a ficção científica será mais útil do que os manuais de economia.

Mil livros e filmes de ficção científica, por sinal, nos falam há muito tempo daquilo que ameaça a humanidade e nos dão meios de prever nosso futuro: para citar somente alguns daqueles que evocam uma pandemia, *O último homem*, de Mary Shelley; *Le Monde enfin* ["Finalmente, o mundo"], de Jean-Pierre Andrevon; *Extermínio*, de Danny Boyle; *Guerra Mundial Z*, de Marc Forster; *Fever* ["Febre"], de Deon Meyer; a série *Years and Years* ["Anos e anos"], de Russel T. Davies; o filme *Contágio*, de Steven Soderbergh. E tantos outros que falam de outras ameaças à sobrevivência da humanidade, como o grande clássico *Eu sou a lenda*, de Richard Matheson, o menos conhecido *Limbo*, de Bernard Wolfe, e bem recentemente o extraordinário *O problema dos três corpos*, de Liu Cixin, que narra em três volumes as reações da humanidade, a qual os extraterrestres informam que virão destruir em quatro séculos. E diversos outros, que me nutriram e nutrem ainda.

Aprendi muito mais lendo esses livros do que em todos os ensaios de economia ou de ciência política.

Com eles, aprendi a pensar além dos limites. A buscar vias de luz e caminhos sombrios em locais inusitados. Neles também descobri que a melhor maneira de evitar o pior é de se preparar para ele. E amar.

Ainda que os videogames tenham muito a nos ensinar. Assim como o *World of Warcraft*, que um bug transformou em uma semana num local de pandemia incontrolável, uma pandemia tão complexa, mesmo se limitando ao conteúdo de um videogame, cujo curso ninguém é capaz de prever;

até que seus criadores se resignem a reinicializar completamente os servidores do jogo para acabar com isso.

Simplesmente, não será possível, face a esta pandemia atual ou às ameaças futuras, imprevisíveis ou previsíveis, desligar e reinicializar a humanidade. Será preciso conviver com ela tal como é. E esperar que ela se torne mais sábia, mais justa, mais livre, enfim, que se preocupe com o destino das gerações futuras.

Para isso, será preciso começar prevendo o pior naquilo que nos espera. Para se preparar e evitá-lo.

As pandemias futuras

Em primeiro lugar, ninguém sabe ainda como evoluirá a pandemia atual. Tudo depende da eficácia das medidas de desconfinamento, do desenvolvimento e da distribuição de uma vacina e de eventuais mutações do vírus. Tudo nos leva a pensar que novas ondas são possíveis; e que é necessário se preparar para novos confinamentos, com intervalos aleatórios, quando a quantidade de pessoas em terapia intensiva ultrapassar um certo nível.

Cada novo confinamento seria um novo choque econômico, social e político que viria somar novas infelicidades às tragédias atuais. Em particular, os funcionários dos hospitais, esgotados e dizimados (no sentido próprio da palavra) pela epidemia que enfrentaram com tanta coragem, dedicação e competência, terão cada vez maior dificuldade a enfrentar um retorno do mesmo. E democracias desgastadas aceitariam ainda mais rápido resvalar para ditaduras, em que a exigência de vigilância determinará todas as leis. Com as mídias mais preocupadas em fazer escândalo do que em dizer a verdade. Salvo exceções. Até que seja amordaçada pelas ditaduras que elas terão ajudado a parir.

Além da pandemia atual, outras são possíveis. Prováveis até. Em datas indiscerníveis. E seria criminoso se preparar para elas tão mal quanto para esta que sofremos hoje em dia.

Para começar, uma outra variante do vírus H5N1 é quase inelutável. Seu foco deveria novamente se encontrar na China, se continuarem a vender animais vivos nas feiras sem levar em conta suas excreções microbianas. Foi este o caso, como vimos no início deste livro, com a pandemia de gripe H3N2, em 1969, oriunda do porco, e a do vírus H7N9, proveniente dos pássaros, em 2013. E provavelmente a de nossos dias.

Ainda assim, é possível esperar que a crise atual provocará mudanças de práticas nas grandes criações de animais, na Ásia e na Europa, e obrigará uma melhor vigilância das doenças emergentes. Será preciso para isso estabelecer uma regra de direito planetário e se municiar de meios para fazer com que ela seja respeitada.

Regras assim existem, contra outras ameaças; mas elas só são realmente eficazes se vierem a se beneficiar de meios de controle globais. Este é o caso apenas para a ameaça de proliferação de armas nucleares e de armas químicas.

Numa grande parte da humanidade, tampouco estamos protegidos contra um retorno do cólera, doença extremamente contagiosa, tanto por parte do meio ambiente (a água) quanto por contato interpessoal. Ninguém está verdadeiramente preparado.

Estamos também à mercê de um vegetal comestível que seria portador de um micro-organismo mortal. Mais de 200 doenças podem ser provocadas pelo consumo de alimentos contendo micro-organismos patogênicos. Seiscentos milhões de pessoas adoecem a cada ano após consumir alimentos contaminados; 420 mil vêm a morrer. Em 2011, a emergência brutal na França e na Alemanha de uma epidemia associada à contaminação de produtos vegetais atingiu mais de 3.500 pessoas. Episódios de contaminação de produtos vegetais também ocorreram na Inglaterra e nos Estados Unidos nos dez últimos anos. Outros, do mesmo gênero, muito mais impressionantes, são possíveis. E neste ponto também, para evitá-los, seriam necessárias regras de direito planetárias, impondo uma higiene infalível nos campos de cultivo, nas hortas e nos sistemas de transporte, de armazenamento, de conservação, preparação e venda. E meios de fazer com que sejam respeitadas.

Pode-se igualmente imaginar um ato de bioterrorismo, através do qual um micróbio ou um vírus seria voluntariamente disseminado pelos terroristas, por criminosos, ou pelos loucos. Os agentes considerados como mais perigosos são o antraz, o botulismo, a varíola e os vírus de febres hemorrágicas. Tal ato, cometido sem reivindicação imediata de autoria, daria à praga o tempo de percorrer os aeroportos, as linhas de metrô, tornando quase impossível uma reação preventiva.

Não se deve ignorar que, na sequência do desmoronamento da URSS, alguns estoques de micróbios poderiam ter sido recuperados por diferentes grupos terroristas. E agentes desse tipo não são muito difíceis de se fabricar.

Prevendo esse tipo de ataque, inúmeros países, entre os quais os Estados Unidos, desenvolveram métodos de detecção específicos e sistemas de alerta precoce.

Se um tratado internacional (a Convenção sobre a Proibição de Armas Bacteriológicas ou à Base de Toxinas, que conta atualmente com a adesão de 180 Estados) proíbe essas armas, ele não prevê nenhum regime de verificação sobre a obediência às suas disposições. Equivale dizer que o tratado é totalmente inútil.

Finalmente, os ataques cibernéticos podem destruir as economias; eles constituem algumas das principais ameaças para o futuro. Eles podem também atacar diretamente os humanos, cada vez mais conectados, não só através de marca-passos, mas também por outras próteses futuras (implantes, baterias e nanorrobôs que regulam o fluxo sanguíneo). Essas próteses se desenvolvem: a companhia Cyberkinetics trabalha, como diversas outras firmas, num sistema de implantes neuronais cujos sinais poderiam ser decodificados em tempo real. A Intel pretende comercializar em breve chips eletrônicos cerebrais capazes de controlar computadores sem teclado ou mouse.

Experiências de ataque contra essas próteses digitais já ocorreram: em 2010, o médico britânico Mark Gasson infectou com um vírus, voluntariamente, um chip RFID implantado em sua mão esquerda.

Um terrorista, ou um serviço secreto, poderia esvaziar à distância as pilhas de um marca-passo ou lhe enviar uma descarga mortal; seria possível também hackear neuroestimuladores implantados nos cérebros de pacientes com o Mal de Parkinson ou epilepsia. Ou outras enfermidades, no futuro. Seria possível desviar os implantes corporais de sua missão e utilizá-los, por exemplo, para injetar hormônios com efeitos devastadores. E outras loucuras mais.

Os desafios ecológicos

Assim como ocorre com as pandemias, que são previsíveis e devem ser enfrentadas antecipadamente, é preciso se preparar para os futuros desastres ecológicos. Ainda mais que, diferentemente das pandemias, eles já podem ser previstos com precisão e sabemos perfeitamente o que seria preciso para evitá-los.

Esses desastres já estão presentes: nove em cada dez pessoas respiram ar poluído. Segundo a OMS, a cada ano, mais de 12 milhões de seres humanos morrem por causas associadas aos problemas ambientais (qualidade do ar, da água, exposição a substâncias químicas, mudança climática).

Sabemos tudo sobre a temível proliferação de detritos, o declínio dos recifes de corais, o desaparecimento da diversidade; sabemos que, no ritmo atual, em 2050, haverá mais plástico do que peixes no mar.

A cada ano, mais de oito milhões de toneladas de plástico são jogadas nos oceanos. De hoje até 2050, todas as espécies de pássaros marinhos ingerirão plástico regularmente. Por sinal, a crise sanitária atual poderá provocar uma taxa de utilização mais elevada de plástico descartável, pondo assim um termo na tendência que apontava para sua redução. Na França, 50% das indústrias do setor plástico registraram um aumento de suas atividades desde o início da crise. E a projeção da produção global apontava para um aumento de três vezes nos cinco próximos anos e de cinco vezes até 2050.

De agora até 2050, a degradação do solo poderá levar à redução das safras agrícolas em 10%, em média, e 50% em determinadas regiões, especialmente na África.

Além disso, à medida que as terras, particularmente as florestas, são devastadas, os poços de carbono natural essenciais ao equilíbrio terrestre desaparecem.

Por sinal, a mudança climática acelera.

Devemos nos preparar para um aumento da temperatura da superfície terrestre superior a 4° centígrados em 2100. Desde o início de 2020, a temperatura média na França aumentou cerca de 2°, em comparação à média registrada no período 1980-2020, e esta temperatura é a mais elevada desde que começaram a ser medidas, no início do século XX. Se os esforços em matéria de transição ecológica não forem acelerados, a temperatura média poderá aumentar em 7° até o final do século. Neste caso, 300 milhões de pessoas poderão enfrentar inundações ao menos uma vez por ano em 2050, o nível dos oceanos aumentaria, até 2100, em pelo menos 1,1 metro, ou mesmo, nos cenários mais pessimistas, em 2 metros.

Se não agirmos, as catástrofes naturais ganharão também em frequência e intensidade; as precipitações pluviométricas aumentarão nas regiões húmidas, provocando tempestades mais frequentes, e diminuirão nas regiões áridas, desencadeando graves secas. Em 2100, 75% da população estará exposta a ondas de calor mortais.

Tal mudança climática agravaria ainda mais a degradação dos solos e exerceria uma pressão sobre a segurança alimentar global.

A poluição da água doce ameaçaria as fontes de água potável, exacerbando os riscos de esgotamento hídrico e penúria de água potável nas regiões mais vulneráveis.

Uma infinidade de outros desafios ecológicos está em questão; especialmente, a ameaça à biodiversidade, que leva muitos a temer (ou esperar) que seu crescimento provocará um colapso de nossas civilizações, um desaparecimento da espécie humana em uma nova extinção em massa.

Em todo caso, isso trará bem rapidamente consequências econômicas importantes. Diversos analistas mostram que, sozinhas, as mudanças climáticas poderão resultar numa queda de 3% do PIB global a partir de 2030.

Diante disso, o que fazer? Pouca coisa. Sabemos que é preciso reduzir expressivamente o uso de energias carbonadas. Essa tarefa exige esforços imensos, e o acordo assinado em Paris em 2016, com a intenção de se reduzirem as emissões de gases do efeito estufa, não se encontra absolutamente em condição de ser respeitado. Seu objetivo era manter a elevação da temperatura média de hoje a 2100 nitidamente abaixo de 2° C em comparação ao nível pré-industrial, fixando a meta no patamar de 1,5° C.

Para haver uma chance de alcançá-la, seria preciso que, em 2040, cerca de 75% da produção de energia primária proviessem de energias não fósseis. Isso aconteceria especialmente através de uma utilização bem mais intensiva da eletricidade não-carbonada. Entretanto, em 2020, a participação das energias fósseis no consumo energético se encontra ainda em torno de 80%, enquanto a eletricidade não-carbonada representa apenas 12% da energia total consumida no mundo.

Segundo o programa das Nações Unidas para o meio ambiente (PNUMA), os compromissos assumidos até agora pelos signatários do Acordo de Paris colocam o planeta numa trajetória de aquecimento de 3,2° C até o final deste século.

Outro exemplo relevante da deserção da grande maioria dos Estados: os signatários tinham, conforme os princípios estabelecidos pelo acordo de Paris, até 9 de fevereiro de 2020 para entregar às Nações Unidas a lista com suas contribuições nacionais para a luta contra as mudanças climáticas, tendo em vista a COP26, inicialmente prevista para novembro de 2020 em Glasgow (adiada para 2021 por causa da pandemia). Somente três países respeitaram o prazo, representando menos de 0,1% das emissões de gases do efeito estufa mundiais: as Ilhas Marshall, o Suriname e a Noruega! O que deixa claro o pouco empenho que suscita o respeito a um acordo já extremamente fragilizado pela saída dos Estados Unidos.[15]

Nada de muito rigoroso tampouco é feito para limitar a utilização de plástico, para organizar a redução de detritos e sua reciclagem, para proteger os corais, para expandir as zonas marítimas protegidas, para reduzir o uso de certos produtos químicos nocivos na agricultura.

O aquecimento global pode provocar outras pandemias

As mudanças ecológicas não são apenas um desafio em si. Uma de suas consequências seria intensificar os riscos de pandemias: incontáveis doenças contagiosas serão agravadas pela elevação do nível da temperatura, do índice de umidade, pela multiplicação dos detritos e da poluição do mar.

---

[15] Um dos primeiros atos de Joe Biden após assumir a presidência, em 20 de janeiro de 2021, foi determinar o retorno dos Estados Unidos ao Acordo de Paris. [N.E.]

Um clima mais quente poderia diminuir as reações imunitárias dos humanos, tornando-os mais vulneráveis às epidemias de gripe. Com o aquecimento do planeta, a gripe poderia de fato se prolongar por todo o ano, dando ao vírus ainda mais tempo para sofrer mutações.

Os mosquitos, cujos hábitos são perturbados pelo aquecimento global, provocariam novos tipos de pandemias; em particular, os mosquitos da família *Aedes*, portadores da dengue, do chicungunha e do Zika. Originários da África e do sudeste asiático, eles poderiam se instalar por muito tempo bem mais ao norte. Por sinal, os *anopheles* (mosquito-prego, no Brasil) poderiam provocar um retorno da malária à Europa, após um século de trégua. Já é este o caso para o mosquito-tigre, que, antes de 2004, não estava presente na França, e hoje pode ser encontrado nos 51 departamentos franceses.

A periculosidade deles é conhecida: um milhão de pessoas no mundo morre a cada ano de doenças transmitidas por mosquitos. Ou seja, bem mais do que a Covid-19 até agora. Particularmente, na Ásia e na África. E isso vai aumentar; ainda mais que a superfície dos arrozais, que constituem excelentes abrigos para as larvas de *anophèles,* deve duplicar.

No caso de um aumento da temperatura de 4° C de hoje a 2100, esses mosquitos poderiam ameaçar a vida de cerca de um bilhão de indivíduos. O número de europeus expostos aos vírus transmitidos pelos mosquitos poderia duplicar.

Finalmente, por conta da elevação da temperatura, o *permafrost* (subsolo congelado continuamente durante ao menos dois anos) poderá perder 70% de sua superfície até o ano 2100. Ora, os vírus e as bactérias que ele contém não são todos inativos, o que poderia fazer ressurgir doenças que acreditávamos desaparecidas. E sobre as quais nada sabemos. E, nesse ponto, nenhuma ação séria foi tomada ainda. Temos até uma nova despreocupação, semelhante àquela que conhecemos há alguns anos em relação às máscaras: a produção de mosquiteiros, tão essenciais para frear as pandemias causadas pelos mosquitos, foi interrompida na Índia e expressivamente reduzida no Vietnã. E a luta contra a água parada, que é a outra maneira de se proteger contra os mosquitos, não avança tão rápido quanto seria necessário.

A pandemia sombria

Diante disso, pode-se temer uma derradeira pandemia: uma onda política sombria sob a qual, num clima de fim de mundo, as ditaduras se imporiam com slogans promovendo abertamente a xenofobia; os detentores desses regimes dirão, contra as evidências, que as democracias não foram capazes de resolver os problemas precedentes; que o fechamento das fronteiras é necessário; que os estrangeiros, pouco importa quais, são uma ameaça; que é preciso produzir tudo localmente e não depender de ninguém; que se faz necessário armar-se contra todos aqueles, no interior ou no exterior, que serão designados como inimigos. Eles vão querer uma sociedade na qual todo mundo será vigiado o tempo todo, a saúde e os comportamentos de todos os indivíduos seriam conhecidos; uma sociedade que ignorará a democracia. Na qual as mídias não passarão de fontes de entretenimento e propaganda do poder.

Isso já ocorre em diversos países. E poderia se estender no caso de novas pandemias. Seria aceito em muitos lugares por um bocado de gente: porque a pandemia leva à desconfiança mútua; aceitar ser vigiado, para que os outros também o sejam. Porque o medo leva sempre a priorizar a segurança em detrimento da liberdade.

E porque o distanciamento social e as máscaras ajudam a desumanizar o outro, o que pode conduzir a uma indiferença em relação a seu destino...

Essas ameaças não são irrealistas. A democracia já é, conforme vimos, mesmo em vários países europeus, questionada. Sente-se perfeitamente que ela é frágil; e que não está, em sua forma atual, à altura dos desafios do mundo.

Da mesma maneira que a temperatura aumenta lentamente, sem que nos demos conta, o totalitarismo avançará sem cessar, às vezes sem ditador, sem ruptura de regime, sem anúncio particular, servido por políticos que acreditarão ainda serem democratas e não mais o serão. A serviço de grupos de interesse que permanecerão, a princípio, discretos. Descobriremos então uma nova forma de ditadura, aquela que continuará se chamando democracia e que ninguém, ou quase, contestará o direito de ser assim chamada. Aquela que chamamos também hoje em dia, bem levianamente, de "democratura".

E ainda pior: pode-se temer o surgimento do desejo de acabar com a espécie humana, que teria feito demasiado mal à natureza. Um pouco como no *World of Warcraft*, onde os jogadores encontraram prazer ao contaminar os outros, a fim de ver no que isso resultaria. Ou como um doente em estado terminal, que escolheria o suicídio, para não sofrer demasiadamente com a própria morte...

■ CONCLUSÃO
POR UMA DEMOCRACIA DE COMBATE

CONTINUAR ASSIM SIGNIFICA ir diretamente no sentido de uma revolução, da qual as classes médias serão a força motriz, antes de se tornarem, elas mesmas, no fim das contas, os mais pobres, as vítimas. Continuar assim significa fazer o jogo das ditaduras que se preparam para o futuro:

A China acaba de anunciar o lançamento de um programa baseado em sete setores habilmente escolhidos: 5G, internet, transportes rápidos entre as cidades, bancos de dados, inteligência artificial, energia de alta voltagem e postos de reabastecimento de veículos elétricos. Setores que permitem reforçar a vigilância do povo e não depender do petróleo importado.

Os Emirados Árabes Unidos, por sua vez, acabam também de anunciar um projeto concentrado em seis setores: saúde, educação, economia, higiene alimentar, vida social e administração pública.

Cabe às democracias fazer melhor. E rapidamente.

Seria necessário para tanto desenvolver a economia da vida, de que falamos anteriormente e da qual fazem parte as ferramentas da democracia, entre as quais a liberdade de imprensa e a educação.

Seria preciso fazê-lo de modo que as gerações atuais levem em consideração o interesse das gerações futuras. É necessário entender que seria intolerável levar ao sofrimento, por culpa nossa, as crianças de hoje devido a uma pandemia aos 10 anos, uma ditadura aos 20 e um desastre climático aos 30.

Essa ideia começa a ganhar corpo. Alguns países, algumas organizações internacionais começam a se preocupar com o tema. Algumas empresas começam a compreender que sua sobrevivência depende da sua reconversão para um desses setores e de sua conscientização sobre os interesses das futuras gerações.

Alguns debates começam a se realizar sobre as condições para a criação da economia da vida, dentro do interesse das gerações vindouras.

Mas, por ora, não se vê nada de expressivo, de sistemático; e sobretudo, nenhum governo democrático declarou ainda que iria se concentrar nos interesses das futuras gerações, nem que daria aos setores da economia da vida prioridade, nos créditos, nos contratos públicos, no financiamento da inovação.

Nenhum deles organizou mecanismos para dar uma voz às futuras gerações e tampouco para aumentar a legitimidade do modo de designação dos eleitos.

Nenhum deles se pôs em economia de guerra democrática.

No entanto, isso já ocorreu no passado: em 1917, os Estados Unidos estabeleceram, democraticamente, uma economia de guerra. Numa época em que o Department of Defense não existia, as autoridades setoriais do governo assumiram o controle da produção de energia e de alimentos. Isso permitiu aumentar a produção econômica em 20% em dois anos, sem que a democracia fosse questionada. Durante a Segunda Guerra Mundial, o War Production Board organizou a conversão da indústria em economia de guerra. Chegando mesmo a aceitar altas bastante significativas dos impostos sobre os lucros realizados nesses setores, e também sobre as grandes fortunas. Sem que isso tenha colocado fundamentalmente em questão o funcionamento democrático, ainda que tenha havido censura, detenção de estrangeiros oriundos dos países beligerantes e depois caça aos comunistas. A Grã-Bretanha se saiu ainda melhor.

Em outras democracias de nossos dias, a economia de guerra tem, com justiça, a imagem desgastada: na Alemanha, na Itália e no Japão, por exemplo, posto que isso traz de volta tristes lembranças; na França também, visto que, apesar do relativo êxito na Primeira Guerra Mundial, a economia de guerra esteve, a partir de 1940, a serviço dos invasores.

Quando esta pandemia começou, eu pensei, espero que, pelo menos os Estados Unidos e a Grã-Bretanha, que sabem o que é a economia de guerra democrática, se mexam e comecem a produzir bem rapidamente máscaras, respiradores e testes. E que compreendam o interesse da economia da vida. Nada disso aconteceu.

Nos Estados Unidos, o governo lançou mão de uma lei da Guerra Fria, o Defenser Protection Act (DPA), que permite dividir os recursos a fim de orientar o setor privado para os setores estratégicos, obrigar as empresas a produzir material médico e proibi-las de exportar. Mas nada de sério ou coerente foi feito. Um "gabinete de guerra" foi instaurado na Austrália, quando ainda só havia 250 casos de Covid no país. Neste caso também, sem um projeto global coerente e racional.

Setenta anos de drogas ultraliberais destruíram toda a vontade e todos os meios para o Estado agir de maneira firme e almejar um projeto. E alguns anos de progresso das tecnologias de vigilância, do nomadismo e da precariedade voltaram a questionar a necessidade de proteger a democracia e a vontade de desenvolver um projeto de conjunto. A instantaneidade, a precariedade e o egoísmo se tornaram a regra.

E no entanto está na hora de passarmos da economia de sobrevivência à economia da vida. É hora de passar de uma democracia do abandono a uma democracia de combate.

Ela deverá conter cinco princípios:

1. Ela deve ser *representativa.*
   Seus eleitos e seus dirigentes deverão ser à imagem do conjunto das classes sociais do país.

2. Ela deve proteger a vida.
   E, para isso, orientar-se no sentido da economia da vida.

3. Ela deve ser *modesta.*

A crise atual mostrou que nenhum poder pode pretender saber tudo. Ele deve admitir sua ignorância. Deve partilhar com seus cidadãos suas interrogações e suas dúvidas, em particular sobre o futuro. Deve deixar brotar as críticas, as propostas antagônicas, e debater sobre isso. Essas exigências de modéstia valem igualmente para os partidos de oposição, os jornalistas, os comentaristas e os pretensos especialistas.

4. Ela deve ser *justa.*
   Toda crise afeta com mais vigor os mais frágeis. E a política deve, antes de tudo, admitir, a fim de tornar mais suportável o que existe e o que virá a existir, a necessidade da justiça social. E primeiramente a justiça fiscal. Em particular, a democracia não sobreviverá se não adotar uma tributação bem mais elevada das grandes fortunas, das quais muitas terão inclusive crescido com esta crise.

5. Ela deve levar em consideração, democraticamente, o *interesse das gerações futuras.*
   Como elas não têm direito de votar, seria preciso avaliar até que ponto as gerações atuais levam em conta o interesse das gerações futuras e organizar, em torno dessas medidas, debates, de uma duração proporcional à urgência das decisões a tomar.

Estes princípios deverão ser aplicados diferentemente segundo o país.

Na França, onde vivo, as urgências são claras:

1. Desenvolver um grupo de acompanhamento das pandemias e de preparação para as próximas ameaças.

2. Orientar os investimentos privados e públicos para os setores da economia da vida, cuja lista foi fornecida acima. Isso terá um impacto fortíssimo sobre o crescimento e o emprego. Isso permitirá também que nos preparemos o melhor possível para o retorno desta pandemia ou de outras.

3. Revalorizar expressivamente os salários e as carreiras dos profissionais desses setores prioritários.

4. Lançar um amplo programa de formação para novas profissões da economia da vida para os assalariados de outros setores.

5. Acompanhar particularmente a transição do setor de turismo.

6. Acelerar a transição da indústria no sentido de uma energia sem carbono.

7. Garantir uma renda mínima a todos os assalariados e trabalhadores independentes que estiverem

em treinamento de conversão profissional e a todas as vítimas da crise.

8. Reformar a tributação em benefício das vítimas da crise. Em particular, criar um imposto sobre a fortuna, do qual será dedutível, sem limite, todo investimento numa empresa de um dos setores da economia da vida.

9. Reorientar maciçamente os investimentos urbanos para cidades de porte médio e territórios rurais.

10. Considerar como anticonstitucional toda decisão que contrarie o interesse das futuras gerações.

* * *

Não estamos confinados apenas por causa da pandemia. Estamos confinados *pela* pandemia. Ela não nos fecha apenas dentro de um local; ela nos fecha mentalmente.

Pensar no depois é pensar grande, é pensar na vida e na condição humana. É pensar realmente no que queremos fazer de nossa vida, tão breve, tão frágil, tão cheia de surpresas. Tão rara também.

É pensar na vida dos outros, da humanidade e dos seres vivos.

Pensar, não com medo de morrer, mas com o júbilo de viver. De viver cada instante, alegremente. Com o sorriso do condenado à morte que somos todos. Com a gratidão para com aqueles que tornam o futuro possível e com a vontade de criar um mundo onde essas catástrofes, sem dúvida inevitáveis, seriam tão bem enfrentadas que não seria necessário nos inquietarmos, nem antes, nem durante. Para nós, para nossos filhos, nossos netos: e nossos bisnetos e trinetos.

Tantas coisas belas, coisas magníficas, os esperam se, hoje, nós cuidarmos deles.

***

■ BIBLIOGRAFIA

Obras

HARPER, Kyle. *Comment l'Empire romain s'est effondré. Le climat, les maladies et la chute de Rome*, La Découverte, 2019.

KHAZAN, Olga. *Weird: The Power of Being an Outsider in an Insider World*, Hachette Go, 2020.

TESTOT, Laurent. Norel (Philippe), *Une histoire du monde global*, Éditions Sciences humaines, 2012.

THUCYDIDE, *Histoire de la guerre du Péloponnèse*, Robert Laffont, 1990.

VOLTAIRE, *Dictionnaire philosophique*, tomo 19, Classiques Garnier, 2008.

Instituições e ONGs

Action contre la faim, "Lutter contre le choléra", set. 2013: https://www.actioncontrelafaim.org/wp-content/uploads/2018/01/manuel_pratique_cholera_acf.pdf

Agence internationale de l'énergie, "World Energy Outlook", 2014 e 2019.

Agence nationale de sécurité sanitaire de l'alimentation, de l'environnement et du travail (Anses), "Risques microbiologiques dans l'alimentation", 6 de setembro de 2016: https://www.anses.fr/fr/content/risques-microbiologiques-dans-l%E2%80%99alimentation

Bank of Korea, "Policy Response to COVID-19": https://www.bok.or.kr/eng/bbs/B0000308/list.do?menuNo=400380

Banque mondiale, "Déchets: quel gâchis 2.0": un état des lieux actualisé des enjeux de la gestion des ordures ménagères", 20 de setembro de 2018: https://www.banquemondiale.org/fr/news/immersive-story/2018/09/20/what-a-waste-an-updatedlook-into-the-future-of-solid-waste-management

Carbon Brief, "Analysis: Coronavirus set to cause largest ever annual fall in CO2 emissions", 9 de abril de 2020: https://www.carbonbrief.org/analysis-coronavirus-set-to-cause-largest-everannual-fall-in-co2-emissions

Carnegie Endowment for International Peace, "How will the Coronavirus reshape the Democracy and Governance globally?", 6 de abril de 2020: https://carnegieendowment.org/2020/04/06/how-will-coronavirus-reshape-democracy-and-governance-globally-pub-81470

Commission européenne, "European Economic Forecast", maio 2020: https://ec.europa.eu/info/sites/info/files/economyfinance/ip125_en.pdf

Copenhagen Balance, "How Danish Work Design Creates Productivity and Life Quality", maio 2013: https://www.supernavigators.com/Case.pdf

Eurostat, "GDP downby 3.8 % in the euro area and by 3.5 % in the EU", 30 de abril de 2020: https://ec.europa.eu/eurostat/documents/2995521/10294708/2-30042020-BP-EN.pdf/526405c-5-289c-30f5-068a-d907b7d663e6

Fondation Heinrich-Boll *et alii*, *Atlas du plastique:* https://fr.boell.org/sites/default/files/2020-02/Atls%20du%20Plastique%20VF.pdf

Fonds des Nations unies pour la population (UNFPA), "Impact of the Covid-19 Pandemic on Family Planning and Ending Gender-based Violence, Female Genital Mutilation and Child Marriage", 27 de abril de 2020: https://www.unfpa.org/fr/node/24179

Global Network Against Food Crises e Food Security Information Network, "2020 Global report on food crises. Joint analysis for better decisions", 2020: https://www.carbonbrief.org/analysiscoronavirus-set-to-cause-largest-ever-annual-fall-in-co2-emissions

IQAir, "COVID-19 air quality report", 22 de abril de 2020. Ministère des Solidarités et de la Santé, "Risques infectieux d'origine alimentaire", 23 de outubro de 2017: https://solidaritessante.gouv.fr/sante-et-environnement/risques-microbiologiques-physiques-et-chimiques/article/risques-infectieuxd-origine-alimentaire

Organização das Nações Unidas, "A UN framework for the immediate socio-economic response to Covid-19", abril 2020: https://www.un.org/sites/un2.un.org/files/un_framework_report_on_covid-19.pdf

Organização Internacional do Trabalho (OIT), "Observatoire de l'OIT: le Covid-19 et le monde du travail. Deuxième édition. Estimations actualisées et analyses", 7 de abril de 2020: https://www.ilo.org/wcmsp5/groups/public/---dgreports/---dcomm/documents/briefingnote/wcms_740982.pdf

Organização Mundial da Saúde, "Nouveau coronavirus – Chine. Bulletin d'information sur les flambées épidémiques", 12 de janeiro de 2020: https://www.who.int/csr/don/12 de janeiro de 2020-novel-coronavirus-china/fr/

_____, "Sécurité sanitaire des aliments", 3 de abril de 2020: https://www.who.int/fr/news-room/fact-sheets/detail/food-safety

_____, "Archives de l'Office international d'hygiène publique (OIHP)": https://www.who.int/archives/fonds_collections/bytitle/fonds_1/fr/

_____, "VIH/sida", 15 de novembro de 2019: https://www.who.int/fr/news-room/fact-sheets/detail/hiv-aids

_____, "La lèpre", 10 de setembro de 2019: https://www.who.int/fr/news-room/fact-sheets/detail/leprosy

_____, "Tuberculose": https://www.who.int/topics/tuberculosis/fr/

Project Syndicate, "The Moral Crisis of the Pandemic, by Jeremy Adelman", 15 de abril de 2020: https://www.project-syndicate.org/commentary/pandemic-global-moral-crisis-threatens-refugees-by-jeremy-adelman-2020-04

The AIRE centre, "COVID-19 and the Impact on Human Rights", 28 de abril de 2020.: https://www.airecentre.org/Handlers/Download.ashx?IDMF=3dc95ef1-0ab4-4a12-9751-0a7f460f1aaa

The Boston Consulting Group, "Covid-19: BCG Perspectives. Facts, scenarios, and actions for leaders", 20 de abril de 2020: https://media-publications.bcg.com/BCG-COVID-19-BCGPerspectives-Version2.pdf

TheGlobalFund, "COVID-19 Impact on Health Product Supply: Assessment and Recommendations", 18 de maio de 2020: https://www.theglobalfund.org/media/9440/psm_covid-19impactonsupplychainlogistics_report_en.pdf?u=637196033260000000

Escritório das Nações Unidas para Redução de Riscos de Desastres (UNDRR), "Combating the dual challenge of COVID-19 and climate-related disasters", 27 de abril de 2020: https://www.undrr.

org/publication/undrr-asia-pacific-covid-19-brief-combating-dual-challenges-climate-related-disasters

Unesco, "Journalism press freedom and COVID-19", 2020: https://en.unesco.org/sites/default/files/unesco_covid_brief_en.pdf

Unicef, "Gender-Responsive Social Protection during COVID 19: technical note", 23 de abril de 2020: https://www.unicef.org/documents/gender-responsive-social-protection-duringcovid-19

World Resources Institute, "Reefs at risk": https://sustainabledevelopment.un.org/content/documents/1809Reefs_Summary_low.pdf

Estatísticas

"Covid-19 Map", Johns Hopkins Coronavirus Resource Center, Dados atualizados em tempo real.

"Southern France morning post. SARS-CoV-2", Méditerranee-infection.com, dados atualizados diariamente.

"Coronavirus (Covid-19)", OurWorldInData.org, dados atualizados diariamente.

Publicações científicas

BURGER, Ary; DEKKER, Paul. "The nonprofit sector in the Netherlands", Sociaal en Cultureel Planbureau, Den Haag, Abril 2001: https://www.researchgate.net/publication/240320830_The_Nonprofit_Sector_in_the_Netherlands

DINGEL, Jonathan I.; NEIMAN, Brent. "How Many Jobs Can be Done at Home?", abril 2020: https://bfi.uchicago.edu/wpcontent/uploads/BFI_White-Paper_Dingel_Neiman_3.2020.pdf

DUPONT, Louis. "Le tourisme est-il aujourd'hui sur une trajectoire de développement durable à la Guadeloupe? Nécessité de concilier compétitivité, productivité et durabilité", out. 2019: https://www.researchgate.net/publication/336968198_Le_tourisme_est-il_aujourd'hui_sur_une_trajectoire_de_developpement_durable_a_la_Guadeloupe_Necessite_de_concilier_competitivite_productivite_et_durabilite

ELSLAND, Dr. Sabine L. van; O'HARE, Ryan. "Coronavirus pandemic could have caused 40 million deaths if left unchecked",

Imperial College, 26 de março de 2020: https://www.imperial.ac.uk/news/196496/coronavirus-pandemic-could-have-caused-40/

HARDEN, Victoria. "Typhus, Epidemic", in Kenneth Kiple (éd.), *The Cambridge World History of Human Disease*, Nova York, Cambridge University Press, 1993.

HILLEMAND, Bernard; SÉGAL, Alain. "Les six conférences sanitaires internationales de 1851 à 1885 – Prémices de l'Organisation mondiale de la santé", in *Histoire des Sciences médicales*, Tomo XLVII, n° 1, Paris-Descartes, 2013.

KULP, Scott A.; STRAUSS, Benjamin H. "New elevation data triple estimates of global vulnerability to sea-level rise and coastal flooding", *Nature Communications*, vol. 10, 2019: https://www.nature.com/articles/s41467-019-12808-z

KUMAR, S. *et alii*, "Handwashing in 51 Countries: Analysis of Proxy Measures of Handwashing Behavior in Multiple Indicator Cluster Surveys and Demographic and Health Surveys, 2010-2013", *American Journal of Tropical Medicine and Hygiene*, vol. 97, n° 2, agosto 2017, p. 447-459: https://www.ncbi.nlm.nih.gov/pubmed/28722572

LENZEN, Manfred *et alii*, "The carbon footprint of global tourism", *Nature Climate Change*, vol. 8, 2018, p. 522-528: https://www.nature.com/articles/s41558-018-0141-x

LOFGREN, Eric T.; FEFFERMAN, Nina H. "The untapped potential of virtual game worlds to shed light on real world epidemics", *The Lancet*, setembro 2007: https://www.thelancet.com/journals/laninf/article/PIIS1473-3099(07)70212-8/fulltext

NAU, Jean-Yves. "Grippe aviaire: la France disposera de 13 millions de doses de Tamiflu à la fin de l'année", in *Revue médicale suisse*, volume 1, n° 1668, 2005: https://www.revmed.ch/RMS/2005/RMS-13/1668

NOYMER, Andrew; GARNIER, Michel. "The 1918 Influenza Epidemic's Effects on Sex Differentials in Mortality in the United States", *Popul Dev Rev*, vol. 26, n° 3, 2000; p. 565-581: https://www.ncbi.nlm.nih.gov/pmc/articles/PMC2740912/

SANTOLINI, Marc. "Covid-19: the rise of a global collective intelligence?", TheConversation.com, 24 de abril de 2020: https://theconversation.com/covid-19-the-rise-of-a-global-collectiveintelligence-135738

SUN, Yun. "China and Africa's debt: Yes to relief, no to blanket forgiveness", Brookings.edu, 20 de abril de 2020: https://www.brookings.edu/blog/africa-in-focus/2020/04/20/chinaand-africas-debt-yes-to-relief-no-to-blanket-forgiveness/

"L'hygiène internationale: les ancêtres de l'OMS": http://theses.univ lyon2.fr/documents/getpart.php? id = lyon2.2009.frioux_s&part = 165173

Artigos online

"The world needs masks. China makes them, but has been hoarding them", Brasher (Keith) e Alderman (Liz): https://www.nytimes.com/2020/03/13/business/masks-china-coronavirus.html

"Des cas de Covid-19 dès les Jeux mondiaux militaires d'octobre 2019?", Buxeda (Yann): https://www.france24.com/fr/20200506-covid19-armee-jeux-militaires-wuhan-chine-temoignages-coronavirus

"Cambodia adopts law to allow for emergency powers to tackle coronavirus", Chan Thul (Prak): https://www.reuters.com/article/us-health-coronavirus-cambodia/cambodia-adoptslaw-to-allow-for-emergency-powers-to-tackle-coronavirusidUSKCN21S0IW.

"Coronavirus: quels sont les pays confinés?", Charpentier (Stéphane): https://information.tv5monde.com/info/coronavirus-quels-sont-les-pays-confines-352330

"Skepticism rife following introduction of 'State of Emergency' draft law", Chhengpor (Aun): https://www.voacambodia.com/a/skepticism-rife-following-introduction-of-state-of-emergencydraft-law/5355113.html

"The world sees a public health crisis. Beijing sees a political threat", Cook (Sarah): https://thediplomat.com/2020/03/the-world-sees-a-public-health-crisis-beijing-sees-a-politicalthreat/

"Chinese social media censoring 'officially sanctioned facts' on coronavirus", Davidson (Helen): https://www.theguardian.com/world/2020/mar/05/chinese-social-media-censoringofficially-sanctioned-facts-on-coronavirus

"Diamond Princess Mysteries", Eschenbach (Willis): https://wattsupwiththat.com/2020/03/16/diamond-princess-mysteries/

"Coronavirus death predictions bring new meaning to hysteria", Fumento (Michael): https://www.realclearmarkets.com/

222

articles/2020/04/01/coronavirus_death_predictions_bring_new_meaning_to_hysteria_487977.html

"For autocrats, and others, Coronavirus is a chance to grab even more power", Gebredikan (Selam): https://www.nytimes.com/2020/03/30/world/europe/coronavirus-governmentspower.html

"A coronavirus test can be developed in 24 hours. So why are some countries still struggling to diagnose?", Hollingsworth (Julia): https://edition.cnn.com/2020/03/24/asia/testingcoronavirus-science-intl-hnk/index.html

"China confirms human-to-human transmission of coronavirus", Kuo (Lily): https://www.theguardian.com/world/2020/jan/20/coronavirus-spreads-to-beijing-as-china-confirms-new-cases

"WHO: Nearly all Coronavirus deaths in Europe are people aged 60 and older", Lardieri (Alexa): https://www.usnews.com/news/world-report/articles/2020-04-02/who-nearly-all-coronavirus-deaths-in-europe-are-people-aged-60-and-older.

"Coronavirus: où sont les principaux foyers épidémiques?", Le Guen (Viviane): https://www.francebleu.fr/infos/sante-sciences/carte-coronavirus-ou-sont-les-principaux-foyers-epidemiques-1583510906

"A Wuhan doctor says Chinese officials silenced her coronavirus warnings in December, costing thousands their lives", Mahbubani (Rhea): https://www.businessinsider.fr/us/wuhan-doctor-chinese-sounded-alarm-coronavirus-outbreakdecember-2020-3.

"The fragility of the global nurse supply chain", McLaughlin (Timothy): https://www.theatlantic.com/international/archive/2020/04/immigrant-nurse-health-care-coronaviruspandemic/610873/

"Avant le coronavirus, les ravages de la grippe asiatique et de la grippe de Hong Kong", Paget (Christophe): http://www.rfi.fr/fr/podcasts/20200419-avant-le-coronavirus-les-ravages-lagrippe-asiatique-et-la-grippe-hong-kong

"As Coronavirus Surveillance Escalates, Personal Privacy Plummets", Singer (Natasha) e Sang-Hun (Choe): https://www.nytimes.com/2020/03/23/technology/coronavirus-surveillancetracking-privacy.html

"How personal contact will change post-Covid-19?", Stoker-Walker (Chris): https://www.bbc.com/future/article/20200429-will-personal-contact-change-due-to-coronavirus

"Coronavirus – Bad masks: China clamps down on suppliers after European outcry", Tabeta (Shunsuke): https://asia.nikkei.com/Spotlight/Coronavirus/Bad-masks-China-clampsdown-on-suppliers-after-European-outcry

"Coronavirus: quelles leçons tirer de l'expérience chinoise?", Testard (Hubert): https://asialyst.com/fr/2020/04/05/chineapres-coronavirus-longue-marche-reprise-economique/

"Petite histoire des grandes maladies. Le typhus, l'autre peste…": https://www.legeneraliste.fr/actualites/article/2014/08/09/letyphus-lautre-peste_248696

"Plus de quatre milliards d'humains appelés à se confiner": https://www.letelegramme.fr/monde/plus-de-quatre-milliardsd-humains-appeles-a-se-confiner-07-04-2020-12536679.php

"Solitude has always been both a blessing and a curse": https://www.economist.com/books-and-arts/2020/04/30/solitude-has-always-been-both-a-blessing-and-a-curse

"Coronavirus: 4,6 milliards de personnes toujours appelées à rester chez elles", lemonde.fr avec AFP: https://www.lemonde.fr/planete/article/2020/05/03/coronavirus-plus-de-240-000-morts-dans-le-monde_6038486_3244.html

"Comment la peste affecta l'histoire: première pandémie (vi - viiie siècle)", Testot (Laurent): http://blogs.histoireglobale.com/comment-la-peste-affecta-l'histoire-premiere-pandemie-6e-8e-siecle_613

"S. Korea Forecast to Suffer Less Economic Impact from COVID-19": http://world.kbs.co.kr/service/news_view.htm?lang=e&Seq_Code=153301

"Le Covid-19 bouleversera durablement le rapport au travail des Français": http://www.odoxa.fr/sondage/covid-19-bouleversedeja-modifiera-durablement-rapport-francais-travail/

"Landmark partnership announced for development of COVID-19 vaccine": http://www.ox.ac.uk/news/2020-04-30-landmark-partnership-announced-development-covid-19-vaccine

"Coronavirus: quelles leçons tirer de l'expérience chinoise?", Testard (Hubert): https://asialyst.com/fr/2020/03/19/coronavirus-chine-quelles-lecons-tirer-exprience-chinoise-chine/

"La Chine après le coronavirus: la longue marche vers la reprise économique», Payette (Alex): https://asialyst.com/fr/2020/04/05/chine-apres-coronavirus-longue-marche-reprise-economique/

"Amazon has hired 175,000 additional people": https://blog.abouta-mazon.com/company-news/amazon-hiring-foradditional75-000-jobs

"The impact of COVID-19 (Coronavirus) on global poverty: Why Sub-Saharan Africa might be the region hardest hit", Gerszon Ma-lher (Daniel), Lakner (Christoph), Castaneda Aguilar (R. Andres), Wu (Haoyu): https://blogs.worldbank.org/opendata/impact-co-vid-19-coronavirus-global-povertywhy-sub-saharan-africa-might-be-region-hardest

"Danish society and the business environment": https://denmark.dk/society-and-business/work-life-balance-

"2020 is a catastrophe for tourism businesses. Here's what the industry needs to get back on its feet", Ziady (Hanna): https://edition.cnn.com/2020/05/13/business/travel-and-tourismreco-very-coronavirus/index.html

"Europe promises to reopen for summer tourism in wake of coro-navirus", Hardingham (Tamara): https://edition.cnn.com/travel/article/europe-summer-coronavirus-tourism/index.html

"60 % still go to office despite state of emergency over virus: survey" :https://english.kyodonews.net/news/2020/04/561bce-3df47f-60-still-go-to-office-despite-state-of-emergency-over-virussurvey.html

"Pfizer begins coronavirus vaccine testing in US; Mich. lab could mass produce it", Baldas (Tresa): https://eu.usatoday.com/story/news/local/michigan/2020/05/05/pfizer-covid-19-vaccine-testing-michigan/3084526001/

"Virus respiratoires: SRAS, MERS, H1N1, grippe saisonnière… Que disent les chiffres?", Pavy (Julien): https://fr.euronews.com/2020/01/29/virus-respiratoires-sras-mers-h1n1-grippe-sai-sonniere-que-disent-les-chiffres

"Pologne: report controversé des élections": https://fr.euronews.com/2020/05/07/pologne-report-controverse-des-elections

"For our (many) foreign friends", Gasparinetti (Marco): https://gruppo25aprile.org/for-our-many-foreign-friends/

"Global Demand for Food Is Rising. Can We Meet It?", Elferink (Maarteen) e Schierborn (Florian): https://hbr.org/2016/04/glo-bal-demand-for-food-is-rising-can-we-meet-it

"Do insurers have COVID-19 covered?", Hay (Laura): https://home. kpmg/xx/en/home/insights/2020/03/do-insurers-have-covid-19-covered.html

"COVID-19: confortée par l'OMS, la Suède maintient le cap", Kouaou (Ahmed): https://ici.radio-canada.ca/nouvelle/1699986/suede-coronavirus-strategie-anders-tegnell

"Country Risk of China: Economy": https://import-export.societegenerale.fr/en/country/china/economy-country-risk

"COVID-19 to push up UK poverty levels - state aid expert explains why", Wintle (Thomas): https://newseu.cgtn.com/news/2020-04-09/COVID-19-is-pushing-up-poverty-levelsaccording-to-aid-expert-Pv1VXlqcKc/index.html

"Climate Change Could Mean Shorter Winters, But Longer Flu Seasons", Cimons (Marlene): https://nexusmedianews.com/climate-change-could-mean-shorter-winters-but-longer-flu-seasons

"Sida: un traitement préventif approuvé", le figaro.fr avec AFP: https://sante.lefigaro.fr/actualite/2012/05/11/18171-sida-traitement-preventif-approuve

"COVID-19" Thermal Cameras Start to Hit the Marketplace", Jensen (Ralph.):https://securitytoday.com/articles/2020/04/24/covid19-thermal-cameras-start-to-hit-the-marketplace.aspx

"US e-commerce sales jump 49 % in April, led by online grocery", Perez (Sarah): https://techcrunch.com/2020/05/12/us-e-commerce-sales-jump-49-in-april-led-by-online-grocery/

"Need to self-isolate? These hotels are offering 'quarantine packages'» Walker (Victoria M.): https://thepointsguy.com/news/hotel-quarantine-packages-coronavirus/

"China says its economy shrank after coronavirus lockdownfor the first time in decades": https://time.com/5823118/china-economy-contracts-coronavirus/

"South Korea's May 1-10 exports dive as coronavirus wipes out global demand", Navaratnam (Shri) e Kim (Cynthia): https://uk.reuters.com/article/uk-southkorea-economy-trade/south-koreas-may-1-10-exports-dive-as-coronavirus-wipes-out-global-demand-idUKKBN22N0HA

"Covid-19: comment les producteurs agricoles se réorganisent", Meghraoua (Lila): https://usbeketrica.com/article/covid-19-comment-les-producteurs-agricoles-se-reorganisent

"Tendances e-commerce 2020", Avenier (Michel): https://www.abime-concept.com/blog/2020/03/13/tendancese-commerce-2020/

"Les moustiques pourraient apporter des maladies tropicales en Europe", Kloetzli (Sophie): https://usbeketrica.com/article/rechauffement-climatique-europe-bientot-maladies-tropicales

"WTTC now estimates over 100 million jobs losses in the Travel & Tourism sector and alerts G20 countries to the scale of the crisis": https://wttc.org/News-Article/WTTC-nowestimates-over-100-million-jobs-losses-in-the-Travel-&-Tourismsector-and-alerts-G20-countries-to-the-scale-of-the-crisis

"Deuxième loi de finance rectificative pour 2020": https://www.aft.gouv.fr/fr/budget-etat"Les assureurs, grands gagnants de la crise?", Ferry (Jasmine): https://www.alternatives-economiques.fr/assureurs-grandsgagnants-de-crise/00092455

"The chemical industry is leading expansion in U. S manufacturing": https://www.americanchemistry.com/Shale-Infographic/

"Sondage: Inquiétudes sur la gestion des données personnelles par les GAFA": https://www.amnesty.fr/liberte-d-expression/actualites/gafa-gestion-des-donnees-personnelles

"South Korea, China to lead travel recovery", Worrachaddejchai (Dusida): https://www.bangkokpost.com/business/1917092/south-korea-china-to-lead-travel-recovery

"Délinquance d'opportunité": comment la criminalité s'adapte au confinement", Paolini (Esther): https://www.bfmtv.com/police-justice/delinquance-d-opportunite-comment-la-criminalite-s-adapte-au-confinement-1881131.html

"How the Pandemic Wiped Out Oil Demand Around the World", Sell (Christopher): https://www.bloomberg.com/news/articles/2020-04-09/how-the-pandemic-wiped-out-oil-demand-around-the-world

"Italy Sees Deficit Above 10 % of Economy in 2020, Official Say", Follain (John) e Migliaccio (Alessandra): https://www.bloomberg.com/news/articles/2020-04-22/italy-sees-deficitabove-10-of-economy-in-2020-officials-say?sref=Zyy3Rj10

"Taiwan Dodges the Worst Economic Impacts of Coronavirus", Wang (Cindy) e Ellis (Samson): https://www.bloomberg.com/news/articles/2020-04-30/taiwan-dodges-worst-economic-impacts-of-virus-and-keeps-growing?sref=Zyy3Rj10

"Five Charts Show he Economic Risks that China is now Facing": https://www.bloombergquint.com/business/five-charts-show-theeconomic-risks-that-china-is-now-facing

"Italy's Shuttered Industry Sees Output Plunge by Almost 30 %", Miggliaccio (Alessandra) e Salzano (Giovanni): https://www.bloombergquint.com/global-economics/italy-s-shutteredindustry-sees-output-plunge-by-almost-30

"China Oil Demand Has Plunged 20 % Because of the Virus Lockdown", Cho (Sharon), Blas (Javier) e Cang (Alfred): https://www.bloombergquint.com/markets/china-oil-demandis-said-to-have-plunged-20-on-virus-lockdown

"The Hydrogen Economy's Time is Approaching", Fickling (David): https://www.bloombergquint.com/opinion/hydrogen-meritsstimulus-support-in-post-coronavirus-economy

"Emirates is giving passengers rapid coronavirus tests before flights that produce results in minutes", Slotnick (David): https://www.businessinsider.fr/us/emirates-tests-passengerscoronavirus-covid-19-flights-2020-4

"Les usines de Renault à l'arrêt, sauf en Chine et en Corée du Sud": https://www.capital.fr/entreprises-marches/renaulttoutes-les-usines-sont-a-larret-sauf-en-chine-et-en-coree-dusud-1366100

"Analysis: Coronavirus set to cause largest ever annual fall in CO2 emissions", Evans (Simon): https://www.carbonbrief.org/analysis-coronavirus-set-to-cause-largest-ever-annual-fallin-co2-emissions

"Coronavirus may infect up to 70 % of world's population, expert warns", Axelrod (Jim): https://www.cbsnews.com/news/coronavirus-infection-outbreak-worldwide-virus-expert-warning-to-day-2020-03-02/

"Coronavirus: le grand retour des emballages en plastique!", Kunin (Anton): https://www.consoglobe.com/emballages-en-plastique-coronavirus-cg

"Covid-19: quarantaines de luxe dans des hôtels suisses": https://www.courrierinternational.com/article/privileges-covid-19-qua-rantaine-de-luxe-dans-des-hotels-suisses

"Leading UK professor warned of coronavirus type outbreak two years ago - and now blasts government for lack of 'decisive action' while praising China's 'ambitious' containment of bug", Hussain (Danyal): https://www.dailymail.co.uk/news/article-8139491/Leading-UK-professor-warned-coronavirustype-outbreak-two-years-ago.html

"Alphabet (Google) annonce qu'il va mettre fin cette année au "Double Irlandais"": https://www.developpez.com/actu/289329/Alphabet-Google-annonce-qu-il-va-mettre-fincette-annee-au-Double-Irlandais-sa-technique-d-optimisationfiscale-qui-lui-a-permis-d-economiser-des-dizaines-de-milliardsd-euros-en-impots/

"1854/1855: Cernay frappée par une épidémie de choléra", Job (Emmanuel): https://www.dna.fr/actualite/2020/03/29/1854-1855-cernay-frappee-par-une-epidemie-de-cholera

"Solitude has always been both a blessing and a curse": https://www.economist.com/books-and-arts/2020/04/30/solitude-hasalways-been-both-a-blessing-and-a-curse

"Coronavirus: en Italie, 700.000 enfants sont en difficulté alimentaire": https://www.europe1.fr/international/coronavirus-en-italie-700000-enfants-sont-en-difficulte-alimentaire-3967589

"3,2 milliards d'euros de mesures exceptionnelles pour faire face à la crise du COVID-19": https://www.ffa-assurance.fr/actualites/32-milliards-euros-de-mesures-exceptionnelles-pour-faireface-la-crise-du-covid-19"Japan's Coronavirus Response Increases Public Debt Challenge": https://www.fitchratings.com/research/sovereigns/japan-coronavirus-response-increases-public-debt-challenge-15-04-2020

"Korea Election Bolsters Govt's Expansionary Fiscal Stance": https://www.fitchratings.com/research/sovereigns/korea-election-bolsters-govt-expansionary-fiscal-stance-22-04-2020

"Oil And Gas Giants Spend Millions Lobbying To Block Climate Change Policies", McCarthy (Niall): https://www.forbes.com/sites/niallmccarthy/2019/03/25/oil-and-gas-giants-spend-millions-lobbying-to-block-climate-change-policies-infographic/#1b7454eb7c4f

"Le pouvoir d'achat des Français a-t-il baissé depuis le confinement?", Manceau (Jean-Jacques): https://www.forbes.fr/finance/le-pouvoir-dachat-des-francais-a-t-il-baisse-depuis-leconfinement/?cn-reloaded=1

"Covid-19: 60 millions d'emplois menacés en Europe": https://www.franceinter.fr/emissions/histoires-economiques/histoires-economiques-22-avril-2020

"La crise du Covid-19 montre à quel point Amazon n'est pas une entreprise comme les autres", Fabrion (Maxence): https://www.

frenchweb.fr/la-crise-du-covid-19-montre-a-quel-pointamazon-nest-pas-une-entreprise-comme-les-autres/398500

"How Romania became a popular tech destination", MacDowall (Andrew): https://www.ft.com/content/a0652dba-632f-11e-7-8814-0ac7eb84e5f1

"Loss of working hours to equal 195m full-time jobs, UN agency warns", Strauss (Delphine): https://www.ft.com/content/d78b-8183-ade7-49c2-a8b5-c40fb031b801

"Wuhan reports first new coronavirus cases since of lockdown" Sheperd (Christian), Liu (Xinning) e White (Edward): https://www.ft.com/content/fbb9a1bb-9656-4023-aa97-01ff1dae4403

"Le soleil et la chaleur vont-ils faire disparaître le coronavirus", Hernandez (Julien): https://www.futura-sciences.com/sante/actualites/coronavirus-soleil-chaleur-vont-ils-faire-disparaitre-coronavirus-80070/

"Global overview of COVID-19: Impact on elections": https://www.idea.int/news-media/multimedia-reports/globaloverview-covid-19-impact-elections

"Why Business Is Booming in These 6 Unlikely European Cities", Henry (Zoë): https://www.inc.com/zoe-henry/6-emerging-eu-hot-spots.html

"Why This Tiny Slovakian City Is a Hidden Startup Gem", Henry (Zoë): https://www.inc.com/zoe-henry/bratislava-slovakia-top-city-for-startups-inc-5000-europe-2017.html

"Covid-19: Les villes mobilisées dans la police du confinement", Malochet (Virginie): https://www.institutparisregion.fr/amenagement-et-territoires/chroniques-des-confins/covid-19-les-villes-mobilisees-dans-la-police-du-confinement.html

"Which Industry Spends the Most on Lobbying?", Frankenfield (Jake): https://www.investopedia.com/investing/which-industry-spends-most-lobbying-antm-so/

"Government and public bodies largest source of income for charities, says report", Burns (Sarah): https://www.irishtimes.com/news/social-affairs/government-and-public-bodies-largestsource-of-income-for-charities-says-report-1.3575503

"La taxe Gafa est démagogique et une aberration économique", Rolland (Sylvain), Jules (Robert): https://www.latribune.fr/technos-medias/internet/la-taxe-gafa-est-demagogique-et-une-aberration-economique-810448.html

"Comment les Français (re)voyageront, selon Jean-François Rial",Lainé (Linda): https://www.lechotouristique.com/article/comment-les-francais-revoyageront-selon-jean-francois-rial

"Google a transféré 20 milliards d'euros aux Bermudes en 2017", Braun (Elisa): https://www.lefigaro.fr/secteur/hightech/2019/01/04/32001-20190104ARTFIG00294-google-a-transfere-20-milliards-d-euros-aux-bermudes-en-2017.php

"Petite histoire des grandes maladies (6) - Le typhus, l'autre peste…": https://www.legeneraliste.fr/actualites/article/2014/08/09/le-typhus-lautre-peste_248696

"Et si on piratait votre pacemaker?", Demey (Juliette): https://www.lejdd.fr/Societe/Sante/risque-de-piratage-quand-le-pacemaker-ne-repond-plus-3740987

"En Chine, la reprise se fait à un rythme très modéré", Leplâtre (Simon): https://www.lemonde.fr/economie/article/2020/04/04/en-chine-la-reprise-se-fait-a-un-rythme-tresmodere_6035547_3234.html

"Coronavirus: "La fermeture générale des établissements scolaires est une première historique"", Lelièvre (Claude): https://www.lemonde.fr/education/article/2020/03/16/coronavirus-la-fermeture-generale-des-etablissements-scolaires-est-une-premiere-historique_6033288_1473685.html

"Petit guide de lobbying dans les arènes de l'Union européenne", Dagorn (Gary): https://www.lemonde.fr/les-decodeurs/article/2019/05/23/petit-guide-de-lobbyisme-dans-les-arenesde-l-union-europeenne_5466056_4355770.html

"Pourquoi Google n'a payé que 17 millions d'euros d'impôts en France en 2018", Vaudano (Maxime): https://www.lemonde.fr/les-decodeurs/article/2019/08/02/pourquoi-google-paie-sipeu-d-impots-en-france_5496034_4355770.html

"Coronavirus: en Italie, l'épidémie donne des signes de ralentissement», Dagorn (Gary): https://www.lemonde.fr/les-decodeurs/article/2020/04/10/coronavirus-en-italie-l-epidemie-donne-des-signes-de-ralentissement_6036271_4355770.html

"MERS Coronavirus: la Corée du Sud annonce la fin de l'épidémie", lemonde.fr avec AFP: https://www.lemonde.fr/planete/article/2015/07/28/merscoronavirus-la-coree-du-sud-annoncela-fin-de-l-epidemie_4701460_3244.html

"Les relations complexes entre climat et maladies infectieuses", Rosier (Florence): https://www.lemonde.fr/planete/article/2019/04/13/les-relations-complexes-entre-climat-et-maladies-infectieuses_5449708_3244.html

"Jusqu'à + 7 °C en 2100: les experts français du climat aggravent leurs projections sur le réchauffement", Garric (Audrey): https://www.lemonde.fr/planete/article/2019/09/17/jusqu-a-7-c-en-2100-les-experts-francais-du-climat-aggravent-leurs-projections-sur-le-rechauffement_5511336_3244.html

"D'ici la fin du siècle, les vagues de chaleur mortelles toucheront 75 % de l'humanité", Marchand (Leïla): https://www.lesechos.fr/2017/06/dici-la-fin-du-siecle-les-vagues-de-chaleurmortelles-toucheront-75-de-lhumanite-173924

"Coronavirus: la banque centrale chinoise décide sa plus forte baisse de taux depuis 2015", Benoit (Guillaume): https://www.lesechos.fr/finance-marches/marches-financiers/corona-virus-la-banque-centrale-chinoise-applique-sa-plus-forte-baissede-taux-depuis-2015-1190312

"Comment le coronavirus menace de contaminer la chaîne de production mondiale", Schaeffer (Frédéric): https://www.lesechos.fr/industrie-services/automobile/comment-le-coronavirus-menace-de-contaminer-la-chaine-de-production-mondiale-1169018

"Thierry Breton: "Il faut un plan Marshall du tourisme européen"", Perrotte (Derek): https://www.lesechos.fr/industrie-services/tourisme-transport/coronavirus-thierry-breton-il-fautun-plan-marshall-du-tourisme-europeen-1196945

"Coronavirus: le tourisme affronte une crise historique", Palierse (Christophe): https://www.lesechos.fr/industrie-services/tourisme-transport/coronavirus-la-pandemie-impose-une-nouvelle-donne-pour-le-tourisme-mondial-1195401

"Coronavirus: le géant du tourisme TUI envisage de supprimer 8.000 postes", Palierse (Christophe): https://www.lesechos.fr/industrie-services/tourisme-transport/coronavirusle-geant-du-tourisme-tui-envisage-de-supprimer-pres-de-8000-postes-1202600

"Coronavirus: le chèque-vacances au coeur de la relance du tourisme", Palierse (Christophe): https://www.lesechos.fr/industrie-services/tourisme-transport/coronavirus-le-chequevacances-au-coeur-de-la-relance-du-tourisme-1202488

"Virus: en Chine, un confinement à grande échelle pour tenter d'éradiquer l'épidémie", Schaeffer (Frédéric): https://www.lesechos.fr/monde/chine/la-ville-de-wuhan-epicentre-du-viruschinois-coupee-du-monde-1165382

"Coronavirus: Chine, Allemagne, Danemark… les pays déconfinés connaissent-ils un rebond épidémique?", Clinkemaillié (Tifenn): https://www.lesechos.fr/monde/enjeux-internationaux/coronavirus-chine-allemagne-danemark-les-pays-deconfines-connaissent-ils-un-rebond-epidemique-1202324

"Cookies: le consentement biaisé des internautes", Dumoulin (Sébastien), Dèbes (Florian): https://www.lesechos.fr/tech-medias/hightech/cookies-le-consentement-biaisedes-internautes-1162585

"Plus de quatre milliards d'humains appelés à se confiner": https://www.letelegramme.fr/monde/plus-de-quatre-milliardsd-humains-appeles-a-se-confiner-07-04-2020-12536679.php

"Coronavirus: le pouvoir d'achat des Français va baisser après le confinement, selon l'agroalimentaire": https://www.lunion.fr/id145872/article/2020-04-18/coronavirus-le-pouvoir-dachatdes-francais-va-baisser-apres-le-confinement-selon

"COVID-19: Implications for business": https://www.mckinsey.com/business-functions/risk/our-insights/covid-19-implications-for-business

"Les trois quarts de l'humanité menacés de mourir de chaud en 2100", Leahy (Stephen): https://www.nationalgeographic.fr/environnement/les-trois-quarts-de-lhumanite-menaces-de-mourir-de-chaud-en-2100

"Le plastique en 10 chiffres": https://www.nationalgeographic.fr/le-plastique-en-10-chiffres

"Les stocks de Tamiflu disponibles en Europe": https://www.nouvelobs.com/monde/20051014.OBS2238/les-stocks-detamiflu-disponibles-en-europe.html

"FACTBOX-COVID-19 lockdowns depress fuel demand worldwide", Ghaddar (Ahmad), Donovan (Kirsten): https://www.reuters.com/article/global-oil-demand-fuels/factbox-covid-19-lockdowns-depress-fuel-demand-worldwide-idUSL5N2C45XG

"China cuts medium-term rate to soften coronavirus hit to economy», Coghill (Kim), Holmes (Sam): https://www.reuters.com/article/us-china-economy-mlf/china-central-bank-cutsone-year-mlf-rate-by-10-basis-points-to-support-virus-hiteconomy-idUSKBN20B04B

"South Korea's exports suffer worst slump in 11 years as pandemic shatters world trade", Roh (Joori), Kim (Cynthia): https://www.reuters.com/article/us-southkorea-economy-trade/south-koreas-exports-suffer-worst-slump-in-11-years-as-pandemicshatters-world-trade-idUSKBN22D439

"Google, Facebook spend big on U.S. lobbying amid policy battles", Dave (Paresh): https://www.reuters.com/article/us-tech-lobbying/google-facebook-spend-big-on-u-s-lobbyingamid-policy-battles-idUSKCN1PG2TD

"Des hackers démontrent qu'un pacemaker peut être aisément piraté": https://www.rts.ch/info/sciences-tech/medecine/9772308-des-hackers-demontrent-qu-un-pacemakerpeut-etre-aisement-pirate.html

"E-commerce drives China's stay-at-home economy in coronavirusaftermath", Chen Kang (Soon): https://www.spglobal.com/marketintelligence/en/news-insights/latest-news-headlines/e-commerce-drives-china-s-stay-at-home-economy-in-coronavirus-aftermath-57642723

"Live-streaming helped China's farmers survive the pandemic. It's here to stay.", Hao (Karen) :https://www.technologyreview.com/2020/05/06/1001186/china-rural-live-streaming-duringcornavirus-pandemic/

"Amazon reaps $11,000-a-second coronavirus bonanza", Neate (Rupert): https://www.theguardian.com/technology/2020/apr/15/amazon-lockdown-bonanza-jeff-bezos-fortune-109bncoronavirus

"China confirms human-to-human transmission of coronavirus", Kuo (Lily): https://www.theguardian.com/world/2020/jan/20/coronavirus-spreads-to-beijing-as-china-confirms-new-cases

"Chinese social media censoring 'officially sanctioned facts' on coronavirus", Davidson (Helen): https://www.theguardian.com/world/2020/mar/05/chinese-social-media-censoringofficially-sanctioned-facts-on-coronavirus

"Obesity could shift severe COVID-19 disease to younger ages", Kass (David A.), Duggal (Priya), Cingolani (Oscar): https://www.thelancet.com/journals/lancet/article/PIIS0140-6736(20)31024-2/fulltext

"Climate change may hamper response to flu: Study", Wilke (Carolyn): https://www.the-scientist.com/news-opinion/climate-change-may-hamper-response-to-flu--study-65430

"Un grand "plan Marshall" pour soutenir et développer le tourisme en France": https://www.tourhebdo.com/actualites/economie/un-grand-plan-marshall-pour-soutenir-et-developper-le-tourisme-enfrance-552163.php

"Quels produits français sont menacés de rétorsion par les Etats-Unis à cause de la taxe GAFA?": https://www.usinenouvelle.com/editorial/quels-produits-francais-sont-menacesde-retorsion-par-le-setats-unis-a-cause-de-la-taxe-gafa.N909594

"Half of US workers could earn more while unemployed", Bredemeier (Ken): https://www.voanews.com/usa/half-usworkers-could-learn-more-while-unemployed

"The pandemic's lasting effects on luxury fashion", Arnett (George): https://www.voguebusiness.com/fashion/pandemics-lasting-effects-luxury-fashion

"Le commerce vocal est-il l'avenir du e-commerce?": https://www.webotit.ai/le-commerce-vocal-est-il-lavenir-du-e-commerce/

"Charities in Ireland play a vital role in society – they make a difference to millions of lives here and across the world": https://www.wheel.ie/policy-and-research/about-our-sector

"Gates Foundation to Invest Up to $140 Million in HIV Prevention Device", Winslow (Ron): https://www.wsj.com/articles/gates-foundation-to-invest-up-to-140-million-in-hivprevention-device-1483023602

A parte "Escamotear a morte; viver intensamente", da página 143 a 145, a crônica de Jacques Attali intitulada "Escamoter la mort; vivre intensément", publicada em *Les Échos* de 9 julho de 2020.

A parte "Uma máscara significa o quê?", da página 145 a 148, crônica de Jacques Attali intitulada "De quoi un masque est-il le nom?", publicada em *Les Échos* de 11 de junho de 2020.

A parte "A empresa como um hotel para aqueles que nela trabalham", da página 153 a 155, crônica de Jacques Attali intitulada "L'entreprise, comme un hôtel pour ceux qui y travaillent", publicada em *Les Échos* de 3 de julho de 2020.

A parte "Pensemos nessa juventude, antes que seja tarde demais", Da página 179 a 181, crônica de Jacques Attali intitulada "Pensez à cette jeunesse, avant qu'il ne soit trop tard", Publicada em *Les Échos* de 18 de junho de 2020.

■ AGRADECIMENTOS

Em primeiro lugar, a todos aqueles que concordaram em dialogar comigo, em todo o mundo, sobre as múltiplas dimensões desta pandemia: Alain Attias, Richard Attias, Nicolas Barré, Xavier Botteri, Lyes Bouabdallah, Youness Bourimech, Renaud Capuçon, Jean-Louis Chaussade, o professor Daniel Cohen, Jean-Michel Darrois, Niall Ferguson, Daniel Fortin, o professor Philippe Froguel, Nathan Gardels, Andreas Görgen, Yaron Herman, Alan Howard, Nicolas Hulot, Pierre Joo, Ichiro Kashitani, Julien La Chon, David Layani, Stéphane Layani, Mathilde Lemoine, Enrico Letta, Maurice Lévy, Serge Magdeleine, Kishore Mahbubani, Olivier Marchal, o professor Emmanuel Messas, o professor Emmanuel Mitry, Edgar Morin, Pierre Moscovici, Dambisa Moyo, o doutor Denis Mukwege, Jean-Pierre Mustier, Moisés Naím, Indra Nooyi, Haris Pamboukis, Philippe Peyrat, Jean Pisani-Ferry, Géraldine Plénier, Françoise Pommaret, Didier Quillot, Laurent Quirin, o professor Didier Raoult, Maxime Saada, o doutor Frédéric Saldmann, Pierre-Henri Salfati, Luc-François

Salvador, David Sela, Tom Siebel, Audrey Tcherkoff, Mostafa Terrab, Shashi Tharoor, Serge Trigano, Natacha Valla, Shahin Vallée, Hubert Védrine, Patrick Weil, Serge Weinberg, Erika Wolf, George Yeo. E muitos outros, em diversos países, cujos cargos me impedem de citá-los aqui.

E depois, a todos aqueles que concordaram em reler e verificar os detalhes de minhas análises: Jérémie Attali, Léo Audurier, Floriane Benichou, Quentin Boiron, François Coroler, Aicha Iraqi, Clément Lamy, Marius Martin, Médéric Masse, Pierre Plasmans, Shannon Seban.

Finalmente, a Sophie de Closets, diretora-geral da Editora Fayard, que aceitou reler com rigor o manuscrito deste livro e me encorajar com suas análises sempre pertinentes. E a seus colaboradores, Diane Feyel e Thomas Vonderscher, que possibilitaram a publicação bem rápida deste livro, dentro de condições tão particulares. E enfim, a todos aqueles, dos grafistas aos impressores, dos revisores aos responsáveis pelas relações públicas, dos entregadores aos livreiros, que aceitaram participar desta aventura.

Este livro foi composto com tipografia adobe Adobe Garamond Pro
e impresso em papel Off-white 80 g/m² na Formato Artes Gráficas.